«Man denkt gar nicht, was man als alleinstehende Seniorin alles an Einkäufen zu erledigen hat. Da kommt einiges zusammen. Und ein paar Eigenheiten habe ich beim Einkaufen schon.

Obst wiege ich nicht selber, das sehe ich gar nicht ein. Wissense, ich habe nach 45 Steine geklopft und geholfen, dieses Land wiederaufzubauen. Und jetzt soll ich an dieser Computerwaage rätseln, was die Knöpfe wohl sind? Eine Tomate, ein Apfel oder ein Kürbis?

Am schlimmsten ist es bei REAL. Ich stand da mit meinen Äpfeln, sie waren rot und rund und glänzten schön. Ich legte sie auf die Waage, und das Ding zeigte zwei Felder: ‹OBST› und ‹GEMÜSE› …

Ich habe einfach ‹Porree› gedrückt, das war billig und ging am schnellsten … Wenn sie mich erwischen, tue ich überrascht und sage: ‹Ach du liebe Zeit, ich habe die falsche Brille mit; entschuldigense, Frollein.› Man darf es jedoch nicht übertreiben. Merken Sie sich das.»

Renate Bergmann, geb. Strelemann, wohnhaft in Berlin. Trümmerfrau, Reichsbahnerin, Haushaltsprofi und vierfach verwitwet: Seit Anfang 2013 erobert sie Twitter mit ihren absolut treffsicheren An- und Einsichten – und mit diesem Buch jetzt die ganze analoge Welt.

RENATE BERGMANN

Ich bin nicht *süß*, ich hab bloß ZUCKER

Eine **Online**-*Omi* sagt, wie's ist

Rowohlt Taschenbuch Verlag

Originalausgabe
Veröffentlicht im Rowohlt Taschenbuch Verlag,
Reinbek bei Hamburg, Juli 2014
Copyright © 2014 by Rowohlt Verlag GmbH,
Reinbek bei Hamburg
Umschlaggestaltung any.way, Cathrin Günther
(Abbildung: Rudi Hurzlmeier)
Satz Stempel Garamond, PostScript, InDesign
Gesamtherstellung CPI books GmbH, Leck
Printed in Germany
ISBN 978 3 499 23690 7

Das für dieses Buch verwendete FSC®-zertifizierte Papier
Lux Cream liefert Stora Enso, Finnland.

Eigentlich war ich schon fertig mit dem Buch, da kommt das Fräulein vom Verlag und sagt: «Frau Bergmann, da müssen wir noch mal dran. Wir müssen die Figuren vorstellen, damit die Leser gleich verstehen, worum es geht.»

Figuren! Da geht mir der Hut hoch. Das sind meine Familie, meine Freunde und Bekannten! Aber die Gute hat ja recht, es ist wohl besser, wenn ich Ihnen kurz erzähle, mit wem Sie es hier zu tun kriegen. Wissense, nichts ist einem ja unangenehmer, als wenn man auf einer Feier oder einer Beerdigung Leute trifft und sie einem nicht vorgestellt werden. Da weiß man gar nicht, was man von den Menschen denken soll. So soll es Ihnen nicht gehen:

Gertrud Potter
Gertrud ist 82 und meine beste Freundin. Sie ist ein Pfundskerl, und ich kann immer auf sie zählen. Gertrud ist verwitwet, aber nur einmal. Wir sind wohl gut befreundet, jawoll, aber wenn es um Männer geht, waren wir immer Konkurrentinnen: Wenn Silvester 1962 nicht die Extraflasche Korn in der Bowle gewesen wäre, hätte sie sich Wilhelm von Morskötter geangelt. Gertrud hatte die Bluse schon zwei Knöpfe weit auf und knallroten Lippenstift dran. Aber nach ein paar Tassen Bowle lag sie in der Speisekammer unter den frisch geräucherten Leberwürsten, während Wilhelm und ich einen Spaziergang bei Mondschein machten.

Gertrud hat keinen echten Sinn für Schönes, wissense. Sie hat zusammengestoppeltes Besteck und Geschirr. Auf den Messern steht «Lufthansa», «Mitropa» oder «Palast der Republik». Woher sie die Messer hat, ist mir bis heute ein Rätsel. Sie ist noch nie geflogen.

Aber jetzt bin ich schon mitten im Erzählen, dabei wollte ich doch nur kurz ein paar Worte zu den wichtigsten Personen sagen. Entschuldigen Sie.

Ilse und Kurt Gläser

Meine Freundin Ilse ist eine Seele von Mensch. Eine ganz Liebe. Sie ist wie ich 82 und seit – ach du liebe Zeit, wenn ich nachrechne, bekomme ich einen Schreck –, seit weit über 60 Jahren mit ihrem Kurt verheiratet. Was Männer betrifft, sind wir uns also nie in die Quere gekommen. Sie hat bis zu ihrer Pensionierung Englisch und Deutsch am Gymnasium gegeben und auch Stefan unterrichtet. Aus dem Jungen ist was geworden.

Ihr Mann Kurt ist 87. Er ist ein wenig brummig, aber das meint er nicht so. Bei ihm gilt «Ein Mann, ein Wort» noch was. An manchen Tagen ist ein Wort aber auch alles, was er bis abends hin sagt.

Kirsten von Morskötter

Kirsten ist meine Tochter. Sie stammt aus meiner zweiten Ehe mit Wilhelm. Kirsten ist jetzt 50 und arbeitet ... na, sagen wir, sie macht ... ach, es fällt mir immer noch schwer. Sie ... lassen Sie mich nachschauen ... praktiziert als «esoterische Lebensberaterin und Heilpraktikerin für Kleintiere», durch, zu denen Stefan vorher gesagt hatte: «Brauchst du nicht.»

Hihi.

Ein Zeichen war ein blaues F. Man sah Fotos, und jemand schrieb, ob ich mit zum Grillen kommen will. In der Ecke stand: «Gefällt mir.» Als ich mit dem Finger drauffasste, wurde es weiß. Das war so lustig! Ein anderes Zeichen war genauso blau, aber es war ein kleines T. Dann stand da: «Text bitte eingeben.» Ich schrieb: «Hallo Stefan, hier ist Tante Renate. Das ist aber ein tolles Gerät!», und drückte «Senden». Danach summte der Apparat ein paar Mal wie ein Brummkreisel, und dann standen da Nachrichten wie «Identitätskrise?» oder «Jetzt hat deine Tante dein Handy geentert oder was?». Unverschämt. Eine Anrede gebraucht die Jugend von heute wohl gar nicht mehr!

Keine Stunde später summte das Gerät, hopste über den Tisch, und Musik fing an zu spielen. Stefan hatte mir genau gezeigt, dass ich nur über das Glas wischen muss, und schon konnte ich ihn hören. Ich freute mich sehr, dass das so prima funktioniert.

«Tante Renate, was hast du gemacht?», rief er ohne Gruß.

So was. Die jungen Leute! So viel Zeit muss doch sein. Er blaffte mich stattdessen an, dass ich auf Fäßbuck und Zwitter gewesen sei. Dabei hatte ich, seit er zur Tür raus war, das Haus nicht verlassen. Nee. Ich doch nicht. Ich hatte nur geschrieben, dass mir das Telefon gefällt. Stefan hatte selbst gesagt, dass dabei nichts kaputtgehen kann. Auf einmal belehrte der Bengel mich, dass wir mir eigene Konten einrichten müssten. Diese jungen Leute. Ich bin seit Jahrzehnten bei der Sparkasse und mache jetzt, mit 82, kein neues Konto mehr auf. Kommt gar nicht in Frage. Wozu auch?

Die Rente kommt doch nur einmal im Monat. Der Mann, der in der Kaufhalle stand und mir gesagt hat, ich soll in den ADC ... ACDC ... nee, warten Sie ... ADAC gehen, der hat auch gesagt, ich würde damit kostenlos aus dem Urlaub abgeholt. Und wer hat das Taxi bezahlt? Nee. Nichts wird unterschrieben und eröffnet! Stefan atmete tief aus. Wie mein Otto, als seine Lunge nicht mehr so mitmachte: «Tante Renate, ein Facebook-Konto. Ein Profil.» Ich versprach, das Gerät nicht weiter anzurühren, bis der Junge mir noch mal alles genau erklärt hatte. Aber eigentlich ... Das T sollte ich nicht wieder drücken, hatte Stefan gesagt. Es gab auch ein Symbol mit einem E: eBay stand klein darunter. Nanu, dachte ich. Hat denn hier jeder Buchstabe ein Programm? Neugierig fasste ich drauf, und das Telefon fragte mich, wonach ich suchen will. Ich überlegte kurz. Wissense, ich war ja ein großer Fan von Prinzessin Diana. Soll mir keiner erzählen, dass das ein Unfall war. Diese Camilla, die steckt dahinter. Also wenn die Königin wird! Ich tippte «DIANA» ein, und es erschien eine Liste mit kleinen Fotos. Auf einem der Bilder trug Diana ein wunderhübsches rotes Abendkleid. Ich habe dann noch ein paar Mal «Ja» oder «Gefällt mir» gedrückt, so genau weiß ich das nicht mehr. Es blendete ein bisschen, und ohne meine Brille kann ich das auch gar nicht so genau sehen.

Drei Tage später klingelte es, und Stefan stand in der Tür. So regelmäßig hatte ich ihn sonst nur gesehen, wenn früher ein Westpaket gekommen ist. Er drückte mich zur Seite wie ein Handtaschendieb, stürmte in die Wohnung und rief: «Sag mal, spinnst du jetzt völlig, Tante Renate?»

«Wie sprichst du denn mit deiner alten Tante?»

«Komm mir nicht mit der Unschuldsnummer», rief er

Guten Tag. Ich heiße Renate BERGM HUUUUCH JETZT SCHREIBT DAS HIER ALLES GRO?

WAS ISt jetzt ... jetzt geht es wieder.

Entschuldigen Sie.

Ich kenne mich mit diesen Geräten nicht so aus. Wissense, mein Neffe hat mir vor ein paar Monaten ... aber ich war ja noch gar nicht fertig. Ich heiße Renate Bergmann. Ich bin eine geborene Strelemann. Das wird Ihnen bestimmt nichts sagen. Ich war viermal verheiratet und bin genauso oft verwitwet, aber die Namen jetzt alle aufzuzählen bringt ja nichts. Ich bin 82 Jahre alt und habe meine kleine Wohnung in Berlin-Spandau. Früher Staaken. Jetzt Spandau. Dabei bin ich nach der Wende nur ein paar Straßen weiter gezogen. Ulkig, findense nich? Im Grunde bin ich eine normale Rentnerin, die ganz bescheiden lebt, ihren Haushalt macht und regelmäßig zum Friseur und zum Seniorenturnen geht. Die Leute wundern sich nur, dass ich mich ein bisschen mit Internet und Händitelefon auskenne.

Alles fing damit an, dass mir mein Neffe sein altes Telefon gegeben hat. Er sagte: «Tante Renate, du bist viel unterwegs, und wir machen uns oft Sorgen. Du bist jetzt in einem Alter...»

Frechheit!

«... bist jetzt in einem Alter, wo dir immer mal was passieren kann. Wir wissen nicht, wo du dich rumtreibst, und können dich nicht mal erreichen. Es muss ja nicht mal was

Schlimmes mit dir sein, es reicht ja schon, du steigst in einen falschen Bus...»

Stellt mich der Rotzbengel doch als senile, alte Tante dar. Das eine Mal. Und ich bin nicht falsch eingestiegen, der Fahrer hat unterwegs die Nummer gewechselt. Da wird dann ewig drauf rumgeritten, so was wird man nicht wieder los. Eine Renate Bergmann steigt nicht in den falschen Bus!

Trotzdem war ich neugierig geworden.

Stefan zeigte mir das Gerät: Vorn war eine Glasscheibe und hinten eine angebissene Tomate. Es hatte keine Wählscheibe und auch keine Tasten. «Und damit kann man telefonieren?», fragte ich. Man hat ja schon Pferde vor der Apotheke kotzen sehen.

Die folgenden zwei Stunden vergingen wie im Flug. Stefan zeigte mir so viele verrückte Sachen! Sie glauben es nicht; man kann mit dem Apparat fotografieren, einkaufen, Nachrichten schreiben, Briefe schicken und lesen und sogar Vögel mit einer Steinschleuder abschießen. Es macht auch Musik und hilft einem, den Weg zu finden. Das brauche ich aber nicht, ich fahre ja kein Auto. Und Kurt, der Mann von meiner Freundin Ilse, lässt sich da nicht reinreden, den verwirrt das nur, wenn man ihm die Strecke ansagen will. Spätestens seit er damals auf den Deich gefahren ist, weil Ilse und ich gleichzeitig «Links!» und «Rechts!» gerufen haben, halte ich lieber den Mund. Wir standen dann vor der Wahl, ob Kurt drei Kilometer zurückstößt oder ob ich den ACDC anrufe. Ach, das war eine Aufregung, fragense nicht!

«Und hab nur keine Angst, Tante Renate, du kannst gar nichts verkehrt machen», beruhigte mich der Stefan, als er nach Hause ging. Der Gute! Nachdem er weg war, probierte ich in aller Ruhe die Bildchen auf dem Glasscheibchen und warf ein Paket auf den Tisch. Und jetzt raten Sie mal, was drin war? Das hübsche Kleid von Lady Di! Hatte der Junge das gekauft? Für mich? In meinem Alter? Aber gut, meine Beine können sich noch immer sehen lassen. Die langen Wege zwischen den Friedhöfen formen die Waden schön.

«Was genau hast du gedrückt, Tante Renate?»

«Dass es mir gefällt. Diesen Daumen, weißt du…»

«Das wäre bei Facebook. Du warst bei eBay! Du hast ‹sofort kaufen› gedrückt.»

Ich … also, das war so klein, und meine Brille … Ich habe bloß immer gedrückt, dass die Felder weggehen. Das schwöre ich Ihnen!

«DU HAST 3500 € FÜR EIN GETRAGENES ABENDKLEID AUSGEGEBEN. DREITAUSENDFÜNFHUNDERT EURO.»

Gottchen, was hat der Junge sich aufgeregt. Von Prinzessin Diana getragen, immerhin. Ich habe ihm Tee angeboten. Ich bin berühmt für meinen Tee. Kaffee darf ich ja nur morgens eine Tasse, wegen Blutdruck. Aber Tee mache ich Ihnen in allen Varianten, da bin ich gut ausgestattet. Kommen Sie gerne mal vorbei! Mein Besuch ist immer ganz begeistert. Stefan wollte keinen Tee. Stefan wollte Schnaps. Und das Telefon. Ich hab dann lieber nichts mehr gesagt. Es gibt Momente, da hält man besser den Mund. Glauben Sie das einer alten Frau. Stefan drückte an dem Telefon rum wie ein Wilder, steckte ein Kabel dran und tippte mit seinem Klappcomputer irgendwas. Ab und an fluchte er, aber im Großen und Ganzen hatte er sich wieder beruhigt. Ich schielte zum Paket mit dem Kleid. Neugierig war ich ja nun schon, wenn man ein Stück von Prinzessin Diana in den eigenen vier Wänden ... Dem Kleidchen lag ein Schreiben bei, auf dem das königliche Wappen und ein Text in Schnörkelschrift abgebildet waren. Ich schob die Brille auf die Nasenspitze, lehnte den Kopf in den Nacken und las laut: «... wissisdokjumänt ... ossoreissd ... prinzesswäls ... orridschinelly ...» Schwarz auf weiß! Wissense, mein Englisch ist nicht sehr gut, aber ein paar Brocken verstehe ich. Ich habe ja gleich 1992 den Seniorenkurs für Englisch an der Volksschule gemacht. Ich holte Stefan seinen Korn und für mich gleich auch. Schließlich gab es etwas zu feiern. Dieses herrliche rote Kleid! Einen Korn darf ich ja hin und wieder, der drückt den Zucker, hat die alte Frau Mosert schon immer gesagt, und die musste es wissen, weil sie mit ihrem Zucker 98 geworden ist. Ohne Beine zwar, aber sonst tipptopp. Die Rücknahme des Kleides war ausgeschlossen, das Geld war für einen guten Zweck, und ich stellte mich auch stur. Ich bin zwar durch die Lebensversicherungen meiner vier verstorbenen Ehemänner gut versorgt, aber das muss der Stefan ja nicht wissen. Wenn dereinst mein Testament eröffnet wird, erfährt er davon früh genug. Soll er ruhig glauben, ich hätte außer meiner kleinen Rente nichts. Hihi. Man hat nur ständig lästigen Besuch von der Verwandtschaft, wenn die denken, es gäbe was zu holen. Nee, ich kann Ihnen sagen ... nee! Aber ich verliere mich schon wieder, entschuldigen Sie.

Ich hatte mir überlegt, dass meine Enkelin Sarah das Kleid zur goldenen Hochzeit von Mechthild und Georg Dressel tragen könnte, wenn man es umarbeitet. Passt doch.

Das war also meine erste Begegnung mit dem Internet. Im Laufe der Zeit habe ich mich da belesen und mit Stefans Hilfe alles auf den Namen Bergmann eingerichtet. Twitter,

Fäßbuck, eBay und eine Apothekenapp. Am meisten Freude macht mir Twitter. Ich habe mich da mit dem Tomatentelefon angemeldet und hin und wieder ein paar Sachen über meinen Alltag geschrieben, die Beispiele stehen hier immer in anderer Schrift, damit Sie sehen, wie ich im Internetz so bin. Innerhalb von ein paar Monaten hatte ich fast 20 000 Freunde gefunden! Mir ist gar nicht klar, wie das passieren konnte. Jetzt schreibe ich jeden Tag ein paar kleine Nachrichten. Bei Twitter muss man sich ja kurz fassen. 140 Zeichen! Sie haben mich ja nun schon ein bisschen kennengelernt und können sich vorstellen, dass ich eigentlich mehr Platz brauche, deshalb habe ich angefangen, ein paar kleine Geschichten ganz aufzuschreiben. Aber lange Rede, kurzer Sinn: Ich fange einfach mal an, nich?

 Auch wenn Winter ist – ich muss heute mal auf die Friedhöfe und wenigstens harken. «Den Männern die Haare kämmen», wie Gertrud immer sagt.

Jetzt bin ich gleich mit der Tür ins Haus gefallen. Dabei wissen Sie noch nicht mal, mit wem Sie es eigentlich zu tun haben, nich? Das war unhöflich. Entschuldigen Sie.

Also: Renate Bergmann, geborene Strelemann, vierfach verwitwet. Sie werden bestimmt staunen, aber die angenehmste Jahreszeit für mich ist der Winter. Ja, ich finde den Frühling auch angenehm, auch den Herbst. Aber am liebsten habe ich den Winter. Da liegt nicht so viel Arbeit auf den Friedhöfen an, und ich habe mal ein bisschen Zeit für mich. Meine vier verstorbenen Ehemänner liegen über die ganze Stadt verteilt auf vier verschiedenen Friedhöfen.

Allein das Gießen dauert im Frühjahr und Sommer den halben Tag. Vier Ehemänner?, werden Sie sagen. Aber ich kann Ihnen das erklären, passen Sie nur auf. Und dann wissense Bescheid über mich. Geben Sie also bitte Obacht.

Walter war mein bislang letzter Ehemann. Der liegt hier in Spandau ganz in der Nähe, nur ein paar Straßen weiter. Ihn habe ich vor 10 Jahren begraben. So, wie die Dinge jetzt stehen, sollen sie mich mal zu ihm legen, wenn es bei mir so weit ist. Wobei ich manchmal denke: Er hatte immer so eisige Füße, da bin ich immer so erschrocken, wenn er mir die im Bett auf meine Seite rübergeschoben hat. Vielleicht überlege ich mir das noch mal. Sein Grab liegt im Schatten alter Tannen; im Sommer hält sich die Feuchtigkeit, und im Herbst hat man kein Laub. Wirklich pflegeleicht. Die paar Kannen Wasser, die Walter braucht, machen mir nichts aus. Er war schon zu Lebzeiten sehr genügsam und macht auch jetzt nicht viel Arbeit.

Mein erster Mann, Otto, starb sehr früh, noch vor dem Mauerbau. Wir wohnten damals in Moabit, und da wurde er auch beerdigt – es wusste ja keiner, wie mal alles kommt. Otto war ja deutlich älter als ich. Als er aus dem Krieg zurück war, kamen auf einen halbwegs vorzeigbaren Herren an die zehn Backfische. Da war man froh, wenn man sich nicht allein durchschlagen musste. Er war schon 53, als wir 1950 geheiratet haben, und ich unschuldige 19. Vom Otto kann ich Ihnen Geschichten erzählen … also, später vielleicht. Er war wirklich kein Traummann, kaum Haare auf dem Kopf und nur einen Anzug im Schrank, aber, wissense, groß war die Auswahl nicht. Den hat er dann auch anbekommen, als er 10 Jahre später starb. Den Anzug meine ich. Bald nach seinem Tod kam die Mauer und ich nicht mehr rüber. Ich wohnte da ja schon in Karlshorst. Fast 30 Jahre habe ich sein Grab nicht gesehen, aber 1989 bin ich gleich mit Harke und Gießkanne rüber. Da haben die Grenzer aber geguckt! Außer kontrollieren und stempeln konnten sie aber nichts machen. Ein paar Wochen später waren sie dann auch nicht mehr da. Das Grab war verwildert, aber ich habe es wieder ordentlich in Schuss gebracht. Den Grabstein habe ich mit Schmierseife und Wurzelbürste geschrubbt – ich sage Ihnen, die haben alle nur gestaunt. Die Sträucher habe ich zurückgeschnitten, im nächsten Frühjahr sah alles aus wie geleckt.

Wilhelm, der Vater von Kirsten, von der ich Ihnen später noch erzähle, starb 1967. Er kam auf den Friedhof Karlshorst, gleich neben den Tierpark. Ich habe Kirsten dann immer ins Brehm-Haus geschickt, wenn ich auf dem Friedhof zu tun hatte. Vielleicht kommt daher ihr Hang zu Katzen.

Mitte der Siebziger habe ich dann Franz kennengelernt. Franz war aus Staaken. Liebe Zeit, es war ein ganzes Stück weg von Karlshort. Und gleich an der Mauer!

Wieder umziehen, wieder neue Nachbarn und der Friedhof Karlshorst weit weg. Wir konnten ja früher nicht durch Berlin durch, sondern mussten außen rum! Schon damals habe ich mit Frau Bewert die Gießgemeinschaft gegründet, die bis heute andauert. Ihr Herbert liegt gleich schräg gegenüber von meinem Wilhelm. Sie hat mitgegossen; ich bin dafür am Wochenende und im Urlaub hin und habe sie mit Spargel aus dem Brandenburgischen versorgt.

Bis Karlshorst war es eine Tour von fast zwei Stunden mit dem Trabi, den ich mir von Wilhelms Lebensversicherung gekauft hatte. Franz sah es nicht gern, wenn ich zu Wilhelms Grab fuhr. Eifersüchtig auf einen Verstorbenen. Können Sie sich so was vorstellen? Der Mann war ein Fehlgriff, das muss man ganz klar sagen. Aber man soll über Verstorbene nicht schlecht reden. Soll er in Frieden ruhen.

Als Franz dann starb, du liebe Zeit, das war eine Aufregung! Er war ja Reisekader und gerade in Westberlin. Sie wollten ihn mir nicht zurückbringen, sondern gleich im Westen begraben. Wegen des Zolls oder so ähnlich, ich weiß das gar nicht mehr so genau. Sie sagten, sie wüssten, wie Rindfleisch verzollt wird und auch Blumenzwiebeln, aber dass mein Franz außer Landes gebracht wird, das hätten die Alliierten nicht vorgesehen. Natürlich ist Franz schlussendlich doch in Staaken beerdigt. Eine Renate Bergmann weiß doch, was sich gehört!

Nach der Wende bin ich dann nach Spandau gezogen, wo ich noch immer bin; einen alten Baum entwurzelt man ja nicht mehr. Damals war ich schon in Rente und habe geschaut, dass ich was Passendes fürs Alter finde. Eine Wohnung, meine ich. Keinen Ehemann mehr. Wissense, drei waren mehr als genug, und ein Pflegefall kommt mir nicht ins Haus. Eine Renate Bergmann pflegt ihre eigenen Zipperlein und kostet ansonsten das Leben aus. Von hier ist es nicht weit zum Ärztehaus, und das Einkaufszänter ist gleich um die Ecke. Ilse und Kurt wohnen nicht mal fünf Minuten entfernt, und Gertrud ist mit der S-Bahn auch in einer viertel Stunde hier. Ich hatte seinerzeit wirklich nicht vor, noch mal zu heiraten, aber der Nachbar, Herr Bergmann, war ein so charmanter Herr … na, was soll ich Ihnen sagen. Ich bin eben auch nur eine Frau.

Der Walter war eine Seele von Mensch, ach, es ist so schade, dass ihm nicht noch ein paar Jahre mehr vergönnt waren. Ich hätte ihn in Staaken beerdigen lassen sollen. Renate, habe ich mir gesagt, Renate, das ist praktischer so. Zwei

Die Meiser hat der Berber eine Karte aus dem Urlaub geschickt. Wetter ist gut, Essen schmeckt. Habe die Karte in den Kasten zurückgelegt.

Ich bin jetzt 82 und dankbar, dass ich noch so gut beieinander bin und allein leben kann. Die Beine wollen nicht mehr so, und hin und wieder zwickt der Rücken. Das kommt von der Ossiporose, sagt Frau Doktor. Aber ich esse viel Käse und Brokkoli und meide Rhabarber. Ein bisschen merke ich auch die Arthrose in den Fingern, und, ja, die Zuckerwerte sind ein bisschen hoch. Aber im Großen und Ganzen bin ich noch recht rüstig, wie es in den Heiratsanzeigen immer heißt.

Nicht, dass Sie jetzt denken, ich lese so was! Jedenfalls nicht regelmäßig. Hihi.

Hier bei uns in Spandau ist es sehr ruhig. Eine gesittete Gegend und alles, was man braucht, «dichte bei», wie wir Berliner sagen: Kaufhalle, Post und Sparkasse; ein Schwimmbad und auch ein Seniorenzentrum. Letzen Monat wurde ich in den Vorstand gewählt, und zwar ohne Gegenstimme. Da war ich schon ein bisschen stolz. Schauen Sie, selbst die Frau Merkel hat immer Gegenstimmen, wenn sie wieder Vorsitzende wird.

Meine Wohnung liegt in einem Mehrfamilienhaus mit sechs Mietparteien. Im Grunde alles sehr angenehme und ruhige Zeitgenossen, mit denen man auskommen kann. Nur die Meiser im zweiten Stock hört ständig Bumsmusik bis in die Puppen. Einmal war es fast neun! Und laut, nee, Sie machen sich keinen Begriff. Im Krieg habensie Bomben geschmissen, und die Flak hat geballert, aber so ein Krach war nicht mal da! Wir haben auch Musik gehört, ja, aber

das war auch noch Musik. Freddy Quinn auf Mittelwelle, ach, war das schön! Zur Seemannshitparade habe ich die Hausarbeit so gelegt, dass Bohnern oder Bügeln dran war, Staubsaugen hätte zu viel Krach gemacht. Da habe ich dann nebenbei diesen wunderbaren Schlager von Freddy Quinn gehört, warten Sie mal: «Wer will nicht mit Gammlern verwechselt werden? WIR! – Wer sorgt sich um den Frieden auf Erden? WIR! – Ihr lungert herum in Parks und in Gassen, wer kann eure sinnlose Faulheit nicht fassen? WIR! WIR! WIR!» Aber die Meiser? Bis in die Puppen schlafen und das Haus verdreckt, aber Hauptsache den Dudelkasten auf volle Pulle und Nieten in der Nase. Nee, nee! Gegenüber wohnen Herbert und Hillburg Steiner. In den Ferien haben sie ab und an den Enkel da. Er heißt Jayden Madox. Ich musste das nachfragen, um es für Sie aufzuschreiben, ich kann mir den Namen nicht merken. Ich sage immer Jens. Im Erdgeschoss ist jetzt eine Neue eingezogen. Nun ja. Mit der werde ich nicht richtig warm. Wissense, die hat sich nicht mal vorgestellt! Zieht ins Haus und ist einfach da. Da denkt man doch, die würde mal klingeln und Weinbrandbohnen zum Einstand vorbeibringen – aber nee. Nichts. Einfach da.
Sehr unhöflich.
Aber man hat ja doch keine Ruhe. Man muss doch wissen, mit wem man unter einem Dach wohnt. Man hört und liest so viel über Schläfer und Terroristen und solche Dinge. Oder Prostatation oder wie das mit den Dirnen heißt. Ich musste doch einfach Bescheid wissen! Ich kann sie vom Balkon aus immer kommen und gehen sehen; sie macht meist ein Geschrei und telefoniert mit dem Händi, wenn sie das Haus betritt oder verlässt. Da kann man sie gar nicht verpassen.

Sie ist eine sehr üppig gebaute Person. Gott, bitte, ja. Es kann nicht jeder ein Mannekäng sein. Aber die trägt Pullis, die zwei Größen zu klein sind. Stellen Sie sich einfach eine Blutwurst im Naturdarm vor. So wären wir früher nicht gegangen, jedenfalls niemand, der etwas auf sich hielt. Aber es gab schon immer solche und solche. Meine Freundin Gertrud sagt zum Beispiel, sie kann ohne Kittelschürze nicht. Was die auch alles in den Taschen hat! Zwei Kastanien gegen ihr Rheuma! Gertrud hat kein Rheuma, es scheint also zu funktionieren. Dann ihren Hausschlüssel, ein Taschentuch für sich selbst und eines, mit dem sie fremden Kindern das Gesicht sauber wischt, ein Döschen mit Hustenpastillen, ein Pillendöschen mit Medikamenten für den Notfall, ein bisschen Hundekuchen für Norbert, etwas Kleingeld und zwei kleine Fläschchen Korn (eines für Renate, eines für sich). Sie hat die Kittel in allen erdenklichen Farben. Als ihr Mann Gustav starb, trug sie das Trauerjahr über nur schwarze Kittelschürzen. Ich dachte schon, sie bleibt dabei, aber kaum war der Juni rum, hatte sie die bunten Dinger wieder an. Manchmal bin ich aber auch dankbar für ihre Schürzen, wissense. Sie hat nicht so das Händchen für Farben und kombiniert schon mal gern Rot gegen Lila, da verdeckt der Kittel dann wenigstens das Schlimmste. Wenn es im Sommer richtig heiß ist, trägt sie nur Schlüpfer und Büstenhalter drunter. Ich sage Ihnen – das ist in unserem Alter nicht schön. Eigentlich wollte ich das gar nicht erzählen, aber…: Vor zwei Jahren hatten wir ziemlichen Ärger ihretwegen. Wir waren bummeln, und es war brütend heiß. Erst waren wir ein Weilchen bei LIDL an den Kühltheken, da ist es immer schön frisch. Aber nach zwei Stunden wurden wir gebeten zu gehen. Wir haben dann auf dem Marktplatz

Rast gemacht und ließen die Füße in den Springbrunnen baumeln. Da sagt keiner was, das machen ja alle. Aber als Gertrud ihre Kittelschürze auszog und dann in Schlüpfer und Büstenhalter ... sie war aber nicht aufzuhalten! Plötzlich stand eine Politesse vor uns. Zum Glück kam Gertrud ohne Diskussion auf die erste Aufforderung hin aus dem Wasser, sonst wäre das doch Widerstand gegen die Staatsgewalt gewesen. Die Polizeidame las lange in einem kleinen Büchlein und sagte, die Anwohner hätten sich beschwert, und eigentlich wären das 40 € wegen Erregung öffentlichen Ärgernisses. 40 €! Das sind 80 Mark! Gertrud musste versprechen, dass sie das nie wieder macht, und ich, dass ich auf sie aufpasse.

Eine Renate Bergmann ist sich ihrer Verantwortung immer und überall bewusst. Als sich die neue Nachbarin nach drei Tagen noch immer nicht gemeldet hatte, wollte ich klingeln. Ich bin leise an die Tür ran, konnte aber nichts hören. Den Türspion hatte sie von innen abgehängt, ich konnte auch nichts sehen. Eine Frechheit. Als würde da jemand durchgucken von außen ... also, ich glaube nicht, dass das überhaupt zulässig ist. Ich werde bei der nächsten Mietersprechstunde bei der Hauverwaltung nachfragen. Ich war jedenfalls so verärgert, dass an Klingeln gar nicht mehr zu denken war. Als ich dann in der Mülltonne, also, als da ... nun ja. Ich habe daraus geschlossen, dass sie gern Fisch in Dosen isst und Manja Berber heißt.

Ein paar Tage drauf machte ich einen neuen Versuch. Es ließ mir einfach keine Ruhe! Ich klingelte – nichts.

Der Klingelknopf war auch nicht beschriftet, ich wusste nicht mal einen Namen. Also nicht offiziell.

Ich klopfte.

«Liebes junges Fräulein, ich bin Ihre Nachbarin. Renate Bergmann, dritter Stock.»

«Ja und?», bellte mir eine stark gebaute Person entgegen.

«Es ist doch wohl üblich, dass man sich bei den Nachbarn vorstellt, wenn man neu einzieht.»

«Wir werden uns schon noch kennenlernen, aber das reicht ja wohl auch noch morgen, oder?»

Sie donnerte die Tür zu. Wumms! Ich war außer mir.

So etwas war mir noch nie passiert. Eine Frechheit! Eine Unverschämtheit, eine Unverfrorenheit sondergleichen! Ich genehmigte mir einen Korn zur Beruhigung.

Am nächsten Morgen machte ich mich wie immer auf den Weg zum Bäcker, um mir frische Brötchen zum Frühstück zu holen. Wissense, Frühstück ist die wichtigste Mahlzeit am Tag. Man muss dem Magen immer eine Kleinigkeit anbieten, auch wenn man keinen Hunger hat. Der Appetit kommt manchmal erst beim Essen. Frühstück ist auch deshalb die schönste Mahlzeit für mich, weil ich morgens eine Tasse Bohnenkaffee darf. Die eine Tasse genieße ich und trinke sie schwarz, man will ja auch was haben vom Aroma, nich? Wegen des Blutdrucks hat mir Frau Doktor Bürgel geraten, nachmittags Tee zu trinken. Das ist schon gemein: Im Krieg hatten wir keinen Kaffee, zu DDR-Zeiten hat er nicht geschmeckt, und heute darf ich keinen mehr. Als ich bei der Berber vorbeikam, dachte ich mir: «Komm, Renate, reichste ihr die Hand und fragst, ob sie was vom Bäcker haben will.» Keiner machte auf. Als ich vom Bäcker zurück war, kam sie mir schon entgegen und schrie mich an, ich solle nie wieder bei ihr schellen. Dabei wollte ich nur freundlich sein. Schließlich weiß eine Renate Bergmann, wann sie zu weit gegangen ist. Aber offenbar ist die Berber auch so eine, die bis in die Puppen schläft. Es ist einfach kein Auskommen mit der Dame. Wissense, wenn die große Hausordnung ansteht, dann habe ich drei Stunden zu putzen. Wenn man es gründlich macht, braucht das eben seine Zeit. Als die Berber dran war, war ich gespannt. Könnense sich denken, nich? Man sieht das ja schon, ob jemand reinlich ist oder eher liederlich. Ordentliche Leute hängen ihre Betten zum Lüften morgens raus. Hab ich bei der Berber noch nie gesehen. Überhaupt putze ich gerne früh, spätestens ab fünf. Wobei ich vor Jahren einen Brief von der Hausverwaltung bekam: Bitte nicht vor sieben. Von Blätter harken oder Schnee fegen vor sieben Uhr stand da übrigens nichts.

Hihi.

Außerdem gibt es wenigstens keine Schlieren, wenn man die Fenster vor Sonnenaufgang putzt. Die blitzen wie ein Spiegel bei mir! Auch die Rahmen. Die jungen Dinger sind ja meist sehr oberflächlich; wenn sie überhaupt Fenster putzen, dann nur die Scheiben. Ich sage immer: «Wer die Rahmen nicht mitputzt, wäscht sich auch nicht an Stellen, die man nicht sieht.»

So was gibt es bei mir nicht.

Und was soll ich Ihnen sagen: Die war in nicht mal zehn Minuten durch den ganzen Flur. Alle drei Etagen! Wie ich es mir dachte, natürlich nur grob gefegt. Das Geländer war nicht ordentlich abgeseift, und von Bohnern hatte sie auch noch nie was gehört. Ich habe sie sofort zur Rede gestellt. Wissense, was die Antwort war? Ich sei eine «spitzelnde alte Wachtel, die den ganzen Tag nur auf der Lauer liegt». Ich hatte 170 Blutdruck, da half auch kein Korn. Frau Dr. Bürgel musste Schwester Hillburg schicken, die mir eine halbe Beruhigungstablette gegeben hat. Ich habe das auch der konnte. Das war ihm eine Lehre, nun lässt er die Finger vom Strom.

Sehnse, bei Plumeau fällt es mir wieder ein: Ich kann kein Geschirr stehen lassen. Bevor ich aus dem Haus gehe, ist mein Abwasch erledigt, und die Betten sind gemacht. Wenn einem mal was passiert – was sollen denn die Leute denken, wenn jemand in meine Wohnung muss, und da sieht es aus wie bei Hempels unterm Sofa? Neulich bin ich morgens zum Bäcker gegangen, und mir fiel mir auf halber Strecke ein, dass ich vergessen hatte, die Tagesdecke über das Bett zu legen. Ich sage es Ihnen offen und ehrlich: Ich bin wieder umgedreht. Ich hätte sonst keine Ruhe gehabt.

Ich muss jetzt auch aufhören, draußen trampeln schon wieder die Gören durch den Hausflur.

Bestimmt wieder alles dreckig gelatscht!

 Gertrud kam unverrichteter Dinge vom Arzt zurück. Sie hat sich drei Stunden so nett im Wartezimmer unterhalten, dass sie vergessen hatte, was sie hat.

Ab einem gewissen Alter muss man regelmäßig zum Arzt, auch wenn man gar nicht krank ist. Das ist so, fragense mich nich, warum.

Bis ich 60 wurde, hatte ich nie was. Auf mich konnte man sich immer verlassen, ich war nie krank. Im Winter hatte ich mal Schnupfen, jawoll, aber deshalb rennt man ja nicht gleich zum Arzt. Da habe ich meine Hausmittelchen: Halswickel, Zwiebelsaft, immer vitaminreiche Kost und bei Fieber Wadenwickel. Wenn wirklich nichts mehr hilft, hilft immer die Hühnersuppe nach Tante Metas Rezept. Da kommt ein Spritzer Zitrone mit rein und eine Knoblauchzehe, das ist das Geheimnis.

Als ich in Rente gegangen bin, hieß es von allen Seiten: «Renate, lass dich mal richtig durchschecken. Du hast doch jetzt Zeit. Geh mal zum Arzt.» Ich bin dann zu Frau Doktor Bürgel. Sie hat Blut abgenommen und mir etliche Überweisungen zu Fachärzten mitgegeben. Erst dachte ich, ich wäre schwer krank und hätte die ganzen Sachen, die Frau Doktor untersuchen lassen wollte, wirklich. Erst im Laufe der Zeit habe ich das System durchschaut: Die allgemeinen Ärzte sitzen nur hinter ihrem Computer und schreiben Pillen für den Blutdruck auf. Bei allen anderen Beschwerden muss man zu einem Kollegen, der sich Facharzt nennt. Ich hatte Überweisungen zum Augenarzt, zum Orthopäden, zum Internisten, zum Hautarzt und zum Urologen. Mit dem Urologen hatte sich Frau Doktor vertan, da sollte ich gar nicht hin. Beim Augenarzt habe ich antelefoniert, um einen Termin zu machen. Die Schwester wollte, dass ich dienstags komme. Dienstag. Das war mir gar nicht recht. Wissense, wenn schon, dann gehe ich freitags zum Arzt. Dann ist die neue BUNTE schon raus. Der Hautarzt war nicht sehr charmant, meine Leberflecken nannte er Altersflecken. Dafür habe ich ihm gesagt, dass er aus dem Mund riecht. Der Internist konnte die Schrift auf der Überweisung nicht lesen und wusste gar nicht, was er untersuchen soll. Er nahm dann Blut ab. Blut abnehmen ist ja immer so eine Sache, weil ich so zähe und harte Venen habe. Ich bin eine richtig vertrocknete Rosine, ja, so muss man das wohl sehen. Im Sommer ist das ein Vorteil: Vor den Mücken habe ich Ruhe. Bei den ganzen Untersuchungen kam dann letztendlich raus, dass ich Ossiporose habe, ein bisschen hohen

Blutdruck und Altersdiabetes im Anfangsstadium. Keine schlimmen Sachen. Ossiporose haben fast alle Frauen in meinem Alter, und für den Blutdruck nehme ich Tabletten. Beim Zucker muss man ein bisschen auf die Ernährung achten, vor dem Essen eine kleine Tablette nehmen und hin und wieder einen Korn.

Letzteres sagt Ihnen aber kein Doktor, da müssen Sie allein drauf kommen. Hihi. So bin ich in die Fänge der Medizin geraten und muss nun alle vier oder sechs Wochen zu Frau Doktor, je nachdem, wie das Quartal fällt und ob sie noch Umsatz braucht oder ihr Büdschee schon alle ist. Sie misst Blutdruck, die Zuckerwerte und schreibt ab und an neue Tabletten auf, wenn die AOK wieder was geändert hat. Erst hatte ich blaue, zweimal eine vor dem Essen. Dann eine Zeitlang kleine weiße, dreimal eine. Seit zwei Jahren sind sie jetzt gelb, wieder nur zweimal eine. Frau Doktor sagt, das soll so. Alle viertel Jahr nehmen wir Blut ab, und ich muss Urin in kleinen Röhrchen … aber das kennen Sie bestimmt. Frau Doktor ist ganz zufrieden. Beim Essen habe ich noch nie über die Stränge geschlagen. Wissense, ich habe deswegen auch keine Probleme mit der Figur. Seit 1948 trage ich die gleiche Kleidergröße, immer die 38. Das ist aber kein Geschenk, ich muss auch ein bisschen was dafür tun. Mich werden Sie nie im Fahrstuhl sehen – ich nehme immer die Treppen, auch wenn es mittlerweile ein bisschen dauert, aber wer rastet, der rostet. Ich esse früh zu Abend, meist nur Schnitten. Wenn ich zweimal am Tag warm essen würde, ja, dann würde ich bestimmt auch aus dem Leim gehen wie Gertrud oder die Berber. Nach dem Abendbrot lege ich dann die Zähne ins Glas. Sonst nascht man nur.

Ich gehe gerne früh zum Dokter. Schwester Sabine

schimpft immer. Sie sagt, morgens sind erst die Patienten ohne Termin dran, die plötzlich krank geworden sind und Hilfe benötigen. Sie gibt mir nie einen Termin vor 11, ich gehe aber trotzdem schon zeitig hin. Der Hausmeister schließt mir das Wartezimmer auf. Den kenne ich, der ist mit Kirsten in eine Klasse gegangen. Er ist meist schon um halb sieben da. Aber Schwester Sabine, das sture Ding, nimmt und nimmt mich nicht früher dran. Dabei versuche ich, extra leidend zu gucken. Aber das junge Dingelchen sagt nur: «Frau Bergmann, Sie müssen nicht jedem Patienten erzählen, dass ich sie hier ‹braten lasse›. Deshalb nehme ich Sie doch nicht vor.» Mir bleibt da jedes Mal die Spucke weg. Mit Schwester Hillburg komme ich viel besser aus. Der stecke ich im Advent ein Päckchen Krönung zu und ein Glas von Ilses Mehrfruchtmarmelade, dann läuft das wie geschmiert. Jetzt gucke ich immer, dass ich einen Termin bekomme, wenn Schwester Hillburg Frühdienst hat.

Die Meiser hat neulich auch Theater gemacht, weil ich morgens um halb fünf gebadet habe. Aber man kann doch nicht ungewaschen zum Doktor! Daran können Sie schon sehen, dass sie ein bisschen liederlich ist. Sie werden eine Renate Bergmann nie ungebadet beim Doktor sehen, so weit kommt es noch. Ich mache immer große Toilette vorher, das gehört sich so. Selbstverständlich auch saubere Wäsche. Ich habe Hemdchen, BH und Miederhose in einem ganz blassen Rosa, die ziehe ich nur für Frau Doktor an. Das muss schon sein. Sonst redet man noch!

Ich sach immer: Man muss zusehen, dass man den Ärzten aus dem Weg geht. Wenn die einen erst einmal unter ihren Fittichen haben, kommt nichts Gutes dabei raus. Frau Weber zum Beispiel. Frau Weber ist eine ehemalige Kollegin

Männer auf einem Friedhof. Aber dann kamen die Kinder aus erster Ehe: Der Papa war schon immer Spandauer. Wir lassen ihn nicht im Osten begraben. Beim Russen. An Renate Bergmann hat wieder keiner gedacht. Sie können sich vielleicht vorstellen, was für ein Programm ich habe, wenn Gießtag ist. Aber da lass ich mir nichts nachsagen – wer erbt, muss auch gießen, so ist die Regel, und an die halte ich mich. Nach Karlshorst fährt mich meist Kurt. Aber wissense, mit 60 km/h über die Stadtautobahn – mit der S-Bahn bin ich ebenso schnell. Wenn der Frühling kommt und bei ALDI die Stiefmütterchen im Angebot sind, schlage ich zu. Bei vier Gräbern mit jeweils 24 Pflanzen kommen am Ende, wenn das Pflänzchen auch nur einen Groschen billiger als bei der Konkurrenz ist, 10 Euro zusammen. Ein schönes Stückchen Buttercremetorte und eine Tasse Bohnenkaffee für Ilse und mich! Wer den Pfennig nicht ehrt, ist den Taler nicht wert, sage ich immer. Vorletztes Frühjahr wollte mir die Kassiererin dumm kommen und die Pflanzen nur in haushaltsüblichen Mengen abgeben. Na, die hat mich aber kennengelernt! Sind vier Gräber etwa nicht haushaltsüblich? Als wäre ich die Liz Taylor von Spandau! Der habe ich aber was erzählt. Wenn es einer Renate Bergmann an die Ehre geht, kann sich die Schlange auch durch die ganze Kaufhalle ziehen. Eine Renate Bergmann nimmt das nicht hin! Ganz kleinlaut war die Kassiererin am Ende, als sie mir meine Stiefmütterchen sogar noch eingewickelt hat. Auf jedem Friedhof habe ich auch meine Harke und meine Gießkanne. Kurt hat sie mir mit dem Lötkolben schön beschriftet, auf allen Geräten steht «Bergmann». Mit den frischen Blumen kommt bei meinen Männern frische Blumenerde auf die Gräber, da kenne ich nichts. Das ist das

Geheimnis schöner Blumen, sach ich immer. Als ich mit Walter frisch verheiratet war, hat er darauf bestanden, dass wir Kaninchenmist auf den Gräbern ausbringen. Aber das war nix: Am Anfang fasst man beim Unkrautjäten ständig in die Karnickelkötel. Dann hat man den Sommer über Stroh zwischen den Blumen. Walter hat Jahre später noch mal den Vorschlag gemacht, er könne von einem Freund Taubenmist bekommen, aber Federn auf dem Grab hätten mir gerade noch gefehlt. Jedes Frühjahr frische Blumenerde und sonst nichts.

Ja, zum Pflanzen fahren mich Kurt und Ilse immer. Ilse geht mir auch zur Hand, wissense, in unserem Alter düselt einem ja doch schnell mal der Kopf, wenn man sich bückt. Da bin ich froh über ihre Hilfe. Wir müssen nur Kurt beschäftigen, damit er nichts anstellt. Vor ein paar Jahren kam Ilse auf die Idee, ihn die Gräber von Prominenten suchen zu lassen. Da ist Kurt nicht zu bremsen. Seit nun bald zehn Jahren sucht er in Karlshorst das Grab von Günter Pfitzmann, jedes Frühjahr wieder. Da kann er nicht weit weg, wir haben ihn immer in Sichtweite, und trotzdem wuselt er uns nicht vor den Füßen rum. Wenn wir fertig sind, ruft Ilse kurz: «Kurt, guck mal, hier liegt die Knef!», und schon kommt Kurt an. Die liegt, wie Pfitzmann, in Zehlendorf, aber das weiß ja Kurt nicht.

Nun wissen Sie ungefähr Bescheid. Ich weiß, es ist ein bisschen kompliziert, aber wenn man 82 Jahre alt ist, geht nicht immer alles glatt. Wissen Sie, ich habe die Mauer, vier Ehemänner und 217 Folgen «Denver Clan» überlebt, und nun regiert eine FDJ-Sekretärin Deutschland – es kommt nicht immer alles, wie man es erwartet und sich vorstellt.

von Ilse. Ilse hat Englisch und Deutsch gegeben, Frau Weber Sport und Geographie. Ob sie sich beim Geräteturnen verausgabt hat oder ob es einfach das Alter war, weiß keiner so genau, aber sie hatte Probleme mit der Hüfte, gerade wenn das Wetter umschlug. Irgendwann fing Frau Dr. Bürgel mit dem Untersuchen und Röntgen an, schrieb eine Überweisung zum Orthopäden aus und ach, hören Sie mir auf. Auf jeden Fall sollte operiert werden. Frau Weber hatte solche Angst! Zwei Tage vor der OP musste sie ins Krankenhaus wegen Blutabnehmen und Voruntersuchungen. Da haben Ilse und ich sie besucht. Frau Weber fürchtete sich vor dem Doktor, weil er so schielte. Sie machte sich Sorgen, ob er wohl die richtige Hüfte operieren würde und nicht den Blinddarm rausschneidet, aus Versehen. Außerdem sollte sie unterschreiben, dass sie selbst für die Schäden an ihrem Gebiss aufkommt. Ilse und ich haben beide nicht verstanden, wie bei einer Hüftoperation das Gebiss zu Schaden kommen kann. Na, das war aber ein Fall für Renate Bergmann. Ilse und ich, wir fragten uns über die Stationsschwester zur Oberschwester zum Assistenzarzt bis hin zum schielenden Hüftdoktor durch. Es war wirklich schlimm: Er sprach mit mir und schaute Ilse an. Wenn er mit Ilse sprach, guckte er auf den Feuerlöscher. Er sagte, Frau Weber würde intubiert. Sie würde also eine Maulsperre und Schläuche in den Mund … nee, man mag sich das gar nicht vorstellen. Es kam, wie es kommen musste. Frau Weber hat die Teilprothese rausgelegt, aber die Schneidezähne waren noch echt. Beim Eindrücken des Tubus haben sie ihr einen Schneidezahn abgebrochen, und sie hatte monatelang Rennereien, bis das wieder in Ordnung kam. Und rennense mal mit 'ner frisch operierten Hüfte, das geht ja nicht. Sie musste gleich zur

Reha. Sie konnte kaum essen, nahm in drei Wochen an die 15 Pfund ab, sodass ihr keine Kleider mehr passten. Zahlt Ihnen ja keine Versicherung, nich. Weder den Eigenanteil noch die neuen Kleider. Sie hatte schließlich unterschrieben. Nur Ärger mit den Ärzten! Ich sach immer: «Esst mäßig, bewegt euch regelmäßig und trinkt ab und an einen Korn.»

> Ilse und ich fahren manchmal aufs Dorf raus und machen mit dem Rollator Kornkreise ins Feld. Hihi.

Nun aber genug von mir! Jetzt wissen Sie ja im Groben schon, wer ich bin. Es wird Zeit, Ihnen ein bisschen mehr von meinen Leutchen zu erzählen. Meine Freundin Ilse zum Beispiel. Ilse ist wie ich 82, wir sind schon zusammen zur Volksschule gegangen und waren später als Backfische auch gemeinsam auf der Bräuteschule. Ilse macht sich immer zurecht wie eine alte Tante, mit Schluppenbluse und Kleiderrock. So was kriegt man heute gar nicht mehr. Aber als vor 25 Jahren ihre Mutter starb, hat sie einfach deren Kleiderschrank übernommen. Im Grunde ist Ilse in den Sechzigern stecken geblieben. Alles Neue ist ihr fremd. Sie und ihr Mann Kurt haben auch das gleiche Sofa wie vor 60 Jahren. Das wird alle zehn Jahre neu bezogen, immer in Anthrazit gemustert. Da sieht man die Flecken nicht so schnell, wenn doch mal was drankommt. Sie essen immer die gleiche Wurst, und jeden Sonnabend gibt es Kartoffelsuppe. Ilse würde nie eine neue Marmelade probieren, es gibt immer Erdbeer oder Mehrfrucht. Sie kocht die Marmelade selbst aus allem, was Kurt an Früchten aus dem Garten mitbringt. Seit seine Augen immer schlechter werden, traue ich mich

chen und Kristallvasen. Und wenn nur dreimal im Jahr für ein paar Stunden geheizt wird, können Sie sich ja denken, dass es da etwas muffig riecht. Diese Mischung aus Stockflecken und Geräuchertem – Ilse bewahrt wegen der Kühle nämlich auch die Hausschlachtewurst in der guten Stube auf – ist schon sehr unwohnlich. Spätestens wenn Kurt sich nach dem dritten Korn seine Zigarre anzündet und Ilse wegen der Gardinen in Panik gerät, löst sich die ganze Gesellschaft meist auf. Das letzte Mal waren wir in der guten Stube, als Kurt 85 wurde und wir groß gefeiert haben. Wir waren eine Gesellschaft von zwölf Personen, und Ilse hatte ein kaltes Buffet bestellt. Buffet ist immer das Beste, wenn man mit älteren Leuten feiert. Wissense, es verträgt ja nicht mehr jeder alles. Wichtig ist auch, dass es kalte Speisen sind oder dass es warm gehalten wird auf einem Stövchen, denn jeder muss seine Tabletten ja unterschiedlich nehmen. Kurt muss zum Beispiel vor dem Essen alles einnehmen, Ilse und ich während der Mahlzeit, außer der Zuckertablette. Bei Gertrud ist es egal, die hat eine Rossnatur. Dann müssen Sie noch bedenken, dass mindestens einer immer seine Pillen zu Hause vergessen hat und ein Enkel die erst bringen muss. Und nicht jedes Medikament kann oral eingenommen werden, das ... das lassen wir jetzt besser mal. Bis jeder essen kann, ist eine gute Stunde um. Da ist ein kaltes Buffet ideal.

Früher waren wir öfter in der guten Stube. Wir haben nämlich gern zusammen Karten gespielt, Gläsers und ich. Aber Spaß hat das schon damals nicht gemacht. Ilse kann nämlich nicht verlieren. Sie ist regelrecht verbissen beim Kartenspielen und schummelt auch. Sie würde es nie zugeben, aber ich kenne sie. Ich habe sie mal beim Rommé erwischt mit neun Assen auf der Hand. NEUN. Sie hat behauptet, die

Karten wären im Schubfach durcheinandergekommen. Nee, so macht das keinen Spaß. Sie schummelt auch beim Auslegen. Nicht mal ihren Enkel lässt sie gewinnen, nicht mal das Kind! Was meinen Sie, was los war, als meine Tochter Kirsten ihr das Tarot legen wollte. Ilse hat so lange die Karten geschoben, bis ihr die Prophezeiung passte. Kirsten hat das aber durchschaut und gesagt: «Tante Ilse, bei dir sehe ich nur eins: Du wirst als Schummelliese im Fegefeuer enden!» Ach, was habe ich gelacht, ich habe Kirsten zugezwinkert und fühlte mich ihr ganz nah in dem Moment. Das ist nicht immer so.

Als Kurt dann seinen grauen Star gekriegt hat und es mit den Augen immer schlimmer geworden ist, machte das Spiel wirklich keinen Sinn mehr.

 Kurt fährt immer so, dass er die gestrichelte Linie mittig unter sich hat. Hinter uns hupt es am laufenden Band.

Kurt und sein Auto … das ist auch so eine Geschichte, sage ich Ihnen. Wenn man ehrlich ist, ist es unverantwortlich, dass er noch fährt. Kurt ist 87 Jahre alt und sieht nicht mehr gut. Genau genommen hat er auf dem linken Auge nur noch 40% Sehfähigkeit. Da wird mir manchmal angst und bange, wenn wir unterwegs sind. Aber wenn Kurt seinen Glückshut aufsetzt beim Fahren, ist bisher noch immer alles gutgegangen. Ilse und ich müssen immer ein bisschen mitgucken. Er fährt aber sehr vorsichtig, das muss man sagen, und deshalb sind wir auch immer sicher angekommen.

nicht mehr, das Zeug zu essen; man weiß ja nie. Wissense, der Mann ist blind wie ein Maulwurf und fährt Auto nach Gehör. Letzten Sommer hat er Ilses Bohnen weggehackt und drei Wochen lang jeden Abend das Franzosenkraut gegossen. Und da soll ich Marmelade essen, die Ilse aus dem gekocht hat, was er ins Haus schleppt? Nee, also das ist mir zu heikel. Da wachsen Tollkirschen und Vogelbeeren!

Mit Ilse kann man nicht mal Tortenrezepte tauschen, sie backt immer Streuselkuchen und Plunderstücke. In den Plunderstücken verbackt sie die pampige Marmelade, die keiner essen will. Seit über 60 Jahren Streuselkuchen und Plunderstücken zu jedem Geburtstag! Und dabei ist ihr Streuselkuchen auch noch staubtrocken. Man krümelt in der guten Stube immer die ganze Couch voll. Und die Brösel drücken unter der Prothese, Sie ahnen es nicht! Kurt macht sich hingegen immer recht flott zurecht. Sein Vater ist im Krieg geblieben, da gab es keinen Kleiderschrank voll oller Plünnen, die er hätte auftragen müssen. Er trägt sogar diese modischen Niethosen..., nee, wie sagt man? Manchesterhosen? Nee, warten Sie.... Jeans. Ich habe das für Sie nachgeschlagen in diesem Gockel.

Google.

Entschuldigen Sie, ich lerne das noch.

Wo war ich? Ach ja, bei Kurt. Er geht immer gut gekleidet. Ihm ist das nicht so wichtig, der zieht an, was Ilse ihm rauslegt. Aber das muss man ihr schon lassen: Das macht sie wirklich gut. Wenn die graue Hose über dem Stuhl hängt, heißt das: Es geht zum Arzt. Kurt wäscht sich dann selbständig, auch untenrum, und Ilse muss gar nichts sagen. Bürstet Ilse den schwarzen Anzug auf, kommt es auf den Binder an: Der dunkle heißt, dass es zur Beerdigung geht; der weinrote ist das Zeichen für ein Konzert oder eine Geburtstagsfeier. Kurt orientiert sich an der Farbe und stimmt sich entsprechend ein. Einmal hat Ilse ihn versehentlich ganz durcheinandergebracht. Sie hat den Schrank durchgeräumt und das Jackett von seinem Trauanzug von 1948 auf das Bett gelegt, weil es in die Kleidersammlung sollte. Sie hat außerdem eine Trainingshose aussortiert, die am Zwickel schon ganz dünn war, einen Norwegerpullover und ein paar Turnschuhe. Um die Turnschuhe war es schade! Die hat Kurt bei der Reha nach seiner Hüftoperation gebraucht. Sie haben nie richtig gepasst, weil Ilse sie hat kaufen müssen, als Kurt noch bettlägerig war. Mit den Übungen wird nämlich schon zwei Tage nach der OP angefangen. Wussten Sie das?

Kurt hat alles angezogen, stand vor uns wie ein gepolsterter Vogelscheuche und brummte: «Wann müssen wir denn los zu Doktor Weißlange?» Ilse und ich haben so gelacht, dass wir die Brillen abnehmen mussten.

Ilse und Kurt wohnen auch in Spandau, nicht weit von mir entfernt. Sie haben ein Haus mit Garten und guter Stube, wie man das von früher kennt.

Kennen Sie eine gute Stube? Die wird jede Woche geputzt und nur ein paarmal im Jahr betreten. An Weihnachten zum Beispiel oder wenn Geburtstag ist. Nur dann wird da auch geheizt. Im Winter sind Eisblumen an den Fenstern, und Ilse nutzt die gute Stube auch als Speisekammer, weil es so schön kühl darin ist. Zum Fernsehen oder wenn unter der Woche Besuch kommt, haben Ilse und Kurt ein normales Wohnzimmer, in dem es sich sehr gemütlich sitzt. Wissense, wenn Ilse dann am Geburtstag oder an Weihnachten drängelt: «Nun geht doch mal rein in die gute Stube, ich habe extra geheizt», dann will immer keiner. Überall Häkeldeck-

Ich konnte das gar nicht glauben. Dass man so eine Liederlichkeit auch noch offen ausspricht! Bei mir wird ja alles geplättet. In das Bügelwasser kommen immer ein paar Spritzer Kölnisch Wasser, dann duftet alles so schön frisch. Ich stärke alles, auch die Kragen der Nachtwäsche. Auch wenn es pikt – stellen Sie sich mal vor, ich würde im Schlaf gehen und man fände mich im schluderig gebügelten Nachthemd. Ich würde mich schämen! Ich höre die Berber schon: «Guck, die alte Bergmann, immer einen auf fein machen, und kaum ist die Tür zu, stirbt die im ungestärkten Nachthemd.» So fände ich keinen Frieden.

Zu meinem 80. hat ja die ganze Verwandtschaft zusammengelegt und mir einen Geschirrspüler geschenkt. Na, das ist ein Quatsch! Wissense, als alleinstehende Person, was hat man da schon groß? Kurt war jedenfalls ganz fasziniert von der Maschine, als er und Ilse mich gleich nach dem 80. besuchten. Ilse dachte schon, er will eine Runde mitfahren.

Kurt ist ein richtiger Bastler und kennt sich auch gut mit Technik aus. Allerdings eher aus der Zeit, als er noch jung war. Mit dem Röhrenradio oder auch der Türglocke. Früher, als Ilse und er noch einen Wartburg fuhren, hat er das Auto selbst repariert. An den Koyota darf er nicht, das hat das Autohaus verboten. Im Haushalt hat er auch kleine Reparaturen gemacht, aber als er Ilse dann die Menüführung des Kaffeeautomaten auf Hebräisch umgestellt hat, war es vorbei, und Ilse hat gesagt, er darf nichts mit Strom mehr anfassen. Seit er die Heizdecke selbst repariert hat, hält er sich auch daran: Die Decke wurde erst gar nicht warm und dann so doll, dass er Brandblasen am Po bekam. Frau Doktor musste sie mit Salbe behandeln. Er hatte wochenlang ein weiches Plumeaukissen dabei, weil er gar nicht richtig sitzen

AOK gemeldet, dass das wegen der Berber war mit dem hohen Wert. Nicht, dass die sich sorgen.

Am nächsten Tag habe ich die Berber im Treppenhaus getroffen. Ich hoffe, dass sie mitgekriegt hatte, dass Schwester Hillburg ihretwegen kommen musste.

Beim Putzen habe ich meine Tricks. Bleiben Sie mir weg mit neumodischen Klickbesen oder Zauberlappen. Wenn es richtig dreckig ist, muss man eben auch mal auf die Knie. Sehe ich bei den jungen Dingern nie. Wenn ich an der Reihe bin, muss ich erst mal wieder Grund reinbringen. Und für jeden Fleck ein Extrafläschchen für 5 €? Das sind zehn Mark! Zwanzig Ostmark! Nee. Nich mit mir. Ich habe Schmierseife, für schlimme Flecken Gallseife, und die Fenster mache ich mit Zeitungspapier und Spiritus blank. Aber es muss richtige Zeitung sein, nicht so bunte Werbeprospekte. Für ganz harte Flecken habe ich noch eine Geheimwaffe. Meine Freundin Gertrud hat vor Jahren mal Gesichtswasser bei einem Verkaufssender bestellt, das eine Schauspielerin da angepriesen hat. Mir ist es im Waschbecken ausgelaufen, und ich habe gestaunt, wie prima sich damit der Rost im Abfluss löst. Damit kriegense alles reine! Seitdem nehme ich es für Rost- und Blutflecken. Kurt hat beim Auto auch schon das Türschloss damit enteist. Nichts bringt den Boden übrigens besser zum Glänzen als Haarlack. Aber dass die Frau Halster deswegen ausgerutscht und zwei Treppenabsätze bis ins Erdgeschoss durchgesegelt ist, das lasse ich mir nicht anhängen. Sie hätte eben ein bisschen besser gucken müssen. Wenn eine Renate Bergmann bohnert, dann richtig!

Vor ein paar Tagen habe ich Edeltraud Kirchner getroffen. Auf einmal sagt sie, sie bügelt ihre Bettwäsche nicht.

Nun gut, nicht immer ganz genau da, wo wir eigentlich hinwollten, aber das ist ein anderes Thema. Kurt hört nicht auf den Nawi, er sagt, er lässt sich nicht von einer fremden Frau aus dem Handschuhfach sagen, wohin er fahren soll. Was meinense, was neulich los war, als ich mein Händi anhatte und die Siri sich mit der Nawidame vom Koyota unterhalten hat: «Ich habe Sie nicht verstanden!» – «Sie stellen sich aber stur an.» – «Sie wollen nach STURAHN.» Ilse sagt ihm die Strecke an, aber dass sie weder Karten lesen noch rechts und links unterscheiden kann, hat sich jetzt schon häufiger als Problem herausgestellt. In dem Autoatlas, den Kurt 1987 für 40 Jahre unfallfreies Fahren bekommen hat, sind die Westberliner Straßen auch gar nicht eingezeichnet. Ach, was glauben Sie, was wir da schon erlebt haben. Es ist nicht leicht mit ihm. Kurt sagt immer: «Sollen die ruhig alle hupen und überholen, 70 auf der Landstraße sind genug.» Es ist gar nicht gut, wenn der Wagen so hochtourig gefahren wird. Das Fahrzeug muss erst eingefahren werden, sonst schadet man dem Motor. Kurt sagt, erst wenn er 100 000 Kilometer auf der Tachouhr hat, macht der vierte Gang Sinn. Im Winter fährt Kurt auch nicht gern, und wenn, dann erst gegen Mittag, wenn es wärmer wird. Wenn es kälter ist als 10 Grad Miese, ist das ja Gift für den Motor. Er schont den Wagen, wo er kann. Deshalb blinkt Kurt auch nicht gern, weil sich sonst die Relais so abnutzen. Wenn Kurt doch mal ein bisschen übermütig wird und über 60 km/h fährt, sagt Ilse: «Kurt, fahr vorsichtig, hinter uns ist Stau. Das muss ja einen Grund haben, weshalb die anderen auch sachte fahren.» Kurt fährt nie betrunken. Höchstens zwei Bier, dann ist Schluss. Mehr trinkt Kurt nicht, wenn er noch fahren muss. Die machen ihn locker, die Arthrose in seiner Schulter löst sich, und es lenkt sich leichter. Nach dem Rentnerfasching letztes Jahr suchte Kurt dann aber nach der Kurbel zum Anlassen. Ilse und ich haben nicht viel Ahnung von diesen modernen Fahrzeugen, aber das kam uns spanisch vor. Wir haben ihn untergehakt und sind zur S-Bahn gelaufen.

Als wir auf dem Bahnhof ankamen, fuhr der Zug gerade ein.

Wir stiegen in einen mittleren Waggon. Kurt schaute sich um und fragte: «Ja, wo ist denn hier der Speisewagen? Ilse, mein Mädchen» – wenn Kurt betrunken ist, nennt er Ilse immer Mädchen –, «ich nehme noch ein Bier.» Es ist immer ziemlich anstrengend für mich mit Ilse und Kurt in der S-Bahn. Ilse wird düselig, sie kann nicht rückwärts fahren, nicht am Fenster sitzen und nicht stehen, und Kurt macht nur Unfug, spricht fremde Leute an und erzählt vom Krieg. Wissense, wenn das an Fasching noch lange gegangen wäre, hätten wir nur wieder Ärger bekommen. Wir sind vor einigen Jahren schon mal in der U-Bahn auffällig geworden. Da war Kurt auch betrunken, hat immer «Flakalarm» gerufen und sich lang auf den Boden geworfen, wenn die Bahn kurz ans Tageslicht fuhr.

Ich selbst fahre nicht mehr, seit ich 75 bin. Ich habe den Führerschein zwar nicht abgegeben – man weiß ja nie –, aber ich fahre nicht mehr. Mir ist der Verkehr zu hektisch geworden. Früher hatte ich meinen Trabi und war viel unterwegs. Bis zu meiner Tochter nach Brunsköngel im Sauerland bin ich gefahren. Aber irgendwann war der Wagen dann einfach so alt, dass die Reparaturen sich häuften und der Mann vom Tüff meinte, ich würde keine Plakette mehr bekommen. Ich habe dann überlegt, einen neuen Wagen zu kaufen – aber wissense, mit 75 von Handschaltung umzulernen, das habe ich mir nicht mehr zugetraut. Ich habe mir gesagt: Renate, Renate, der Verkehr wird immer schneller und hektischer – sei vernünftig und lass das mit dem Fahren sein. Und ganz ehrlich, ich habe das nie jemandem erzählt, und es ist jetzt schon lange her, deshalb kann ich es ja sagen: Ich bin beim Wenden in die Blumenrabatte von Brösickes gefahren. Am Wagen war nichts zu sehen, und die Astern waren auch schon abgeblüht. Es war aber wohl der rechte Zeitpunkt für mich, das Fahren aufzugeben.

Wie schön, dass wir unseren Kurt haben und er noch fährt. Ich habe seinerzeit beiden gut zugeredet, sich den Koyota zu gönnen. Sie haben eine gute Rente, und mitnehmen kann man nichts. Was hat man davon, wenn man im schönsten Sarg auf dem Friedhof liegt? Nee. Man weiß nicht, was morgen kommt, das kann so schnell gehen in unserem Alter. Ich habe ja im Kalender stehen, dass Mechthild und Siegfried Ficklscherer Anfang nächsten Jahres goldene Hochzeit haben. Geschaut habe ich schon nach einem Geschenk, aber wissense, kaufen werde ich es erst kurz vorher. In zwei Monaten kann so viel passieren. Ich weiß noch, als Fräulein Deubert sich zum 85. Geburtstag von mir den Schal gewünscht hat. Ich habe ihn aus weicher blauer Wolle für sie gehäkelt, mit ihren Initialen aus weißem Garn. Kurz vorher ist sie dann gestorben, und ich saß da mit meinem Schal. Zum Glück waren die Initialen unten am Rand, da musste ich ihn nur ein kleines Stück aufräufeln und konnte ihn meiner Enkelin Sarah noch schenken.

Das passiert mir nicht noch mal! Seitdem kaufe oder stricke ich immer erst kurz vorm Fest.

Herrje, wo war ich? Ach, bei Kurts Wagen. Ja. Deshalb legten die beiden auch viel Wert auf ein Fahrzeug, das solide ist, sicher, bequem und zuverlässig. Ganz wichtig war auch, dass die Musikanlage gut klingt. Man hat ja heute keine Schellackplatten mehr, sondern kleine silberne Scheiben. Sie kennen das bestimmt. DCs sagt man. Als wir den Verkäufer darauf ansprachen, schaute er allerdings wie Kurt nach zwei Bier und meinte, das wäre Stand der Technik. Ob wir auch MP wollen, fragte er. Drei Stück. Ich habe gelächelt, mich schwerhörig gestellt und im Telefon bei Gockel nachgeschlagen, was das ist. Maschinenpistolen! Nee, also ... der Verkäufer war aber schon bei einem ganz anderen Thema und erklärte Kurt gerade, wie man Ilse mit dem Gurt festkettet. Jetzt fahren wir zu Ilse-Werner-Platten rum.

Der Koyota ist ein Fünftürer. Ilse und ich sind zweimal rumgelaufen und haben ganz genau gezählt – es waren auf jeder Seite nur zwei. Es wäre auch gar kein Platz für eine dritte Tür gewesen. Wahrscheinlich zählen die das kleine Türchen vor dem Tankdeckel mit.

Einmal im Monat fahren wir zur Bank. Wir fahren immer am Monatsersten, wissense, dann ist die Rente überwiesen, die Miete ist schon abgebucht, und man hat alles im Blick. Ich hebe meine Rente gerne in bar ab. Was man alles so hört mit dem Euro ... nee. Das ist mir sicherer, wenn ich das Geld zu Hause habe. Kurt und Ilse sehen das genauso.

Als der Wagen ganz neu war und wir die erste Ausflugsfahrt unternommen haben, du liebe Zeit! Das muss ich Ihnen noch erzählen! Es war ein wunderschöner Frühsommertag, und wir fuhren über die Alleen durchs Brandenburgische. Hinter uns hupte hin und wieder ein Fahrzeug, aber sonst war alles sehr idyllisch. Wir waren gemütlich unterwegs, mehr als 60 km/h fuhr Kurt nicht. Man sieht ja sonst gar nichts von der schönen Landschaft. «Da können wir ja Benzin sparen», sagte Kurt und drückte auf einen Knopf. Die Fenster öffneten sich und zerzausten Ilse die Haare. «Huch! Kurt, mach das zu!», kreischte sie. Kurt drückte noch mal auf den Knopf; den hatte er sich gemerkt. Die Fenster fuhren wieder hoch. Der Schreck steckte uns noch in den Gliedern, als Kurt rechts ranfuhr und anhielt. Er wollte die Sache mit dem Benzin offenbar gleich klären. Wir standen schräg im Straßengraben, und ich rutschte auf der Rückbank langsam, aber stetig Richtung Beifahrerseite. Der Gurt drückte mir gegen den Hüfthalter. Kurt hat mir nämlich ein Keilkissen auf den Rücksitz des Wagens geschraubt, damit ich besser sehen kann. In der Seitenlage war das natürlich ein Problem. Ilse las in einem Büchlein, es musste eine Art Bedienungsanleitung sein. «Hier steht was von Temperaturen. Es muss ein Knopf mit Wellen sein. Stell den mal Richtung POWA ON, Kurt!» Kurt drückte. Nichts passierte. «Wir fahren weiter!», brummte Kurt in einem Ton, der keinen Widerspruch zuließ. Er startete den Wagen und fuhr auf die Chaussee zurück. Der heranbrausende Raser konnte noch ausweichen, er hat uns nicht erwischt. Aber er muss beim Knöpfedrücken etwas Kritisches erwischt haben. Je länger wir fuhren, desto kühler wurde es im Fond. Mich fröstelte. Ich knöpfte mir den Blazer zu. Meine Finger waren eiskalt. Ilse hingegen wischte sich die Schweißperlen von der Stirn. «Kurt, mach doch das Fenster bitte wieder auf, es ist so warm!» Sie rutschte auf ihrem Sitz hin und her. «Das kommt von unten!» Der kalte Luftstrom, der laut aus allen möglichen Schlitzen strömte, trocknete ihre Schweißperlen, ihr Rutschen wurde jedoch immer nervöser. «Das ist ganz heiß am Po! Es brennt richtig! Kurt, mach das weg!» Ilse hielt es nicht länger aus. Kurt hielt wieder an, Ilse stieg zu mir nach hinten, und wir kehrten um. Zum Glück hatte Kurt eine Decke für den Fall, dass er im Winter mal liegenbleibt, im Kofferraum. Ilse und ich wickelten uns in die Notfalldecke und verbrachten den Rest der Fahrt eingemummelt auf der Rückbank. Wir versuchten gleichzeitig, den eiskalten Lüftungsschlitzen auszuweichen, trotzdem noch auf den Verkehr zu achten und Kurt von hinten Warnungen zuzurufen. Der Mann in der Werkstatt schüttelte den Kopf und murmelte etwas von «Sitzheizung im Hochsommer» und «Klimaanlage total verstellt». Er drehte an einigen Schaltern und Reglern. Kurt musste versprechen, nie wieder einen Knopf zu drücken, den er nicht kennt. Ilse und ich passten genau auf, als der Mann uns die Heizung erklärte. Sie glauben es jetzt vielleicht nicht, aber man kann eindrehen, dass man 22 Grad im Wagen wünscht, und die Technik pustet so viel kalte und warme Luft in den Fahrraum, dass die Temperatur genau eingehalten wird. Es ist wirklich erstaunlich. Diese moderne Technik!

Man hat so sein *Tun*.

> Kurt fragt die Verkäuferin immer, ob er sie nicht aus dem Fernsehen kennt. Dann vergisst sie manchmal, was zu kassieren, und es wird billiger.

Sonst kaufe ich ja immer Niveacreme. Wissense, auch schon vor 89. Wozu hatte man schließlich Verwandtschaft im Westen? Mit Florena habe ich immer lieber die Türen geschmiert.

Aber ab und an muss man sich auch mal was gönnen. Mitnehmen kann man nichts, das letzte Hemd hat keine Taschen. Und für wen soll man denn was hinterlassen? Die Kinder führen ihr eigenes Leben, und ich habe so viel auf die Seite gelegt, dass sie mich manierlich unter die Erde bringen und das Buffet bei Käfer bestellen können. Warum sollte mehr übrig bleiben? Das sehe ich gar nicht ein. Geld ist zum Ausgeben da.

Nach dem langen Winter, all dem Frost und der trockenen Heizungsluft war meine Haut ganz faltig geworden. Dass man mit 82 nichts gegen die Falten machen kann, ist mir auch klar, meine Güte. Aber gepflegt möchte man doch sein. Ich wollte mir eine gute Feuchtigkeitscreme leisten. Einkaufen fahre ich immer mit Ilse und Kurt, weil in ihren Koyota doch mehr passt als in den kleinen Korb am Rollator. Gesagt, getan.

«Hallo, Ilse, hier ist Rena...»

«Hier ist der Anrufbeantworter von Ilse und Kurt Gläser.

Wir sind nicht zu Hause, aber nach dem Piepton können Sie uns eine Nachricht hinterlassen. Piiiiiiep.»

«Ilse. Also ich werde noch verrückt mit diesen Maschinen. Hier ist Renate. Wenn du morgen zur Fußpflege fährst, geht ihr da auch noch ins Zänter?»

Schweigen. Es rauschte erst, dann knackte es. «Ach du, ich ruf später ...»

«Renate!», hörte ich Ilse rufen.

«Ilse? Du bist ja doch da!»

«Ja ... das Telefon ... Kurt hatte ... ach, dieses Ding bringt mich noch unter die Erde. Ich musste zum Apparat im Schlafzimmer laufen.»

«Warum ihr diese Höllenmaschine überhaupt habt? Ihr seid doch immer zu Hause? Sag, Ilse, geht ihr morgen nach der Fußpflege noch ins Zänter?»

Ich konnte mir genau vorstellen, was da jetzt ablief. Ilse musste Kurt erklären, was wir da wollten und wie lange es dauern würde. Dann schauten die beiden in der Fernsehzeitschrift nach, ob es keine Kollision mit «Rote Rosen» oder Pfarrer Fliege gab.

«Ja. Ja. Jaja, das passt. Dann können wir gleich noch nach einem Kleid für die goldene Hochzeit von Ficklscherers schauen. Wir holen dich Punkt acht ab.»

Ilse und Kurt kannte ich schon vor dem Krieg, wir haben uns nie aus den Augen verloren. Sie ist eine sehr treue Seele, und auch auf Kurt kann man sich immer verlassen. Für seine 87 Jahre ist er gut beieinander, und auch wenn die Augen langsam nachlassen, fährt er noch Auto. Ein japanisches Model, diesen Koyota. Ein sehr gediegenes Fahrzeug. Kurt sagt, solange er fährt, wird er keinen neuen Wagen mehr kaufen. Mit dem kennt er sich aus. Er weiß, wo alle Knöpfe sind und wie der Wagen reagiert. Oder habe ich Ihnen das schon erzählt? Ich bin so viel mit Kurt und Ilse unterwegs, ach, das ist mir oft gar nicht recht. Man will doch auch im Alter niemandem zur Last fallen. Deshalb warte ich oft ab, ob sie sich melden und sie anbieten, mich zu fahren. Die zwei sind wirklich wunderbare Menschen. Herzensgut, wirklich, herzensgut. Manchmal nerven sie auch.

Am nächsten Morgen waren die beiden pünktlich kurz nach sieben hier. Wir fuhren erst mit Ilse in den Fußpflegesalon und anschließend in das Zänter. Diese engen Tiefgaragen mit den vielen Kurven sind für Kurt immer ein kleines Problem. Auf dem linken Auge hat er noch 40 % Sehfähigkeit, und deshalb ist es im Dunkeln etwas schwierig. Aber er fuhr langsam, Ilse und ich hatten links und rechts die Scheiben runtergekurbelt und schauten, dass er nirgends anhakte. Vor ein paar Monaten hat er beim Einparken die Frau Diebelsburg mit dem Fahrrad angestupst. Seitdem gucken Ilse und ich immer ein bisschen mit. Die Frau Diebelsburg hatte da aber auch nichts zu suchen. Das muss man ganz klar sagen, und schließlich ist auch nicht viel passiert. Das Rad war schon alt, und das mit der Hüfte – ja du liebe Zeit, sie hat schon so lange über Beschwerden geklagt. Ob sie nun wegen des kleinen Anremplers operiert werden musste oder ob das nicht sowieso gekommen wäre – das soll sie erst mal beweisen.

Kurt stellte den Wagen sicher in zwei Parklücken ab, und wir stiegen aus. Ilse und ich schlenderten durch das Zänter, und Kurt trabte widerwillig hinter uns her. Er versucht gern, sich zu verlaufen, wenn er keine Lust hat, mit Ilse und mir in die Geschäfte zu gehen. Einmal ist er falsch auf die

Rolltreppe aufgestiegen und hoch- statt runtergefahren. Das war eine Aufregung! Nee, sage ich Ihnen. Wir haben ihn fast eine Stunde lang gesucht, er war auf und davon.

Mit Kurt kann man zwar durch dick und dünn gehen, aber nicht einkaufen.

Wir betraten den Douglasladen. Wie das da duftet! Wie früher im Intershop. Und überall sind Türme aus Kartons und Parfümfläschchen aufgebaut. Mit dem Rollator komme ich da gar nicht durch. Denkt denn niemand an Senioren oder Familien mit Kinderwagen? Aber es bringt ja nichts, sich aufzuregen.

Ich steuerte auf ein Regal Cremetiegel zu und griff ein Päckchen.

«Oje, ich habe meine richtige Brille nicht mit ... Ilse, lies mal!» Ich gab Ilse das edle Töpfchen.

Ilse schob die Brille auf die Nasenspitze, kniff die Augen zusammen, legte den Kopf leicht in den Nacken und schob den Oberkiefer nach vorn. Das macht sie immer, wenn sie sich konzentriert. Ich auch.

«Speschäl Trietment Neck Remodelling Hüdräschen», las sie vor. «78 Euro.»

Dass die nicht mit klaren Worten draufschreiben können, ob es jetzt für das Gesicht ist oder ... ich meine, es gibt ja auch Salbe gegen Hämorrhoiden. Wenn man da was falsch macht, das brennt doch!

Wir schauten uns um. Über den ganzen Laden verteilt standen rot gekleidete Damen mit streng zurückgeknotetem Haar und ganz viel Farbe im Gesicht. Ich habe immer Angst, da bröckelt was ab, wenn sie die Miene verziehen. Deshalb haben die auch den ganzen Tag dieses eingemeißelte Lächeln. Wenn sie das Gesicht entspannen, bröselt bestimmt eine Schicht ab. Eines der Fräuleins nahm sich uns Schachteln, äh, unserer Schachtel an.

«Das ist ein Spezialprodukt für den Hals», sagte die Verkäuferin belehrend. «Sie suchen wohl eher etwas Reichhaltiges mit Feuchtigkeit?»

«Nun ja, reichhaltig ... es muss nicht zu teuer ...», stammelte ich.

«Nein, nein. Das bezieht sich nicht auf den Preis. Es geht um die Inhaltsstoffe. Die reife Haut braucht ganz gezielte Pflege und vor allem Feuchtigkeit», dozierte das Fräulein.

«Kriegen wir dann auch ein Pröbchen? Meine Enkelin bekommt immer Pröbchen, wenn sie bei Ihnen was kauft», warf Ilse ein.

Von der Seite schaltete sich Kurt ein.

«Sagen Sie mal, kann es sein, dass ich Sie aus dem Fernsehen kenne?», fragte er in das Verkaufsgespräch hinein.

Wohin auch immer wir fahren und wen auch immer wir treffen – Kurt findet immer jemanden, den er glaubt aus dem Fernsehen zu kennen. Das kann schon sehr peinlich werden. Einmal hat er mit einer Kellnerin so lange diskutiert, bis sie am Schluss selber glaubte, sie hätte in den Siebzigern die Kommissarin im «Tatort» gespielt.

«Was heißt hier ‹Kurt!›?! Das Fräulein hat damals die Bronzemedaille im Dressurreiten geholt. 84 muss das gewesen sein, und das Pferd hieß Sommerlilie. Stimmt's?»

Kurt lächelte die Verkäuferin triumphierend und erwartungsvoll an.

«Ähm, nein, also, da müssen Sie mich verwechseln. Ich bin nie geritten.»

«Dann war es Turmspringen!», konterte Kurt enttäuscht.

«Auch das nicht. Aber Ihre Frau wollte ja wohl etwas

gegen ihr Trockenheitsproblem haben. Lassen Sie uns mal schauen.»

«Das ist nicht meine Frau! Das ist Renate», grunzte der enttäuschte Kurt das beschichtete Fräulein an.

Die Verkäuferin war sichtlich bemüht, detaillierteren Schilderungen zuvorzukommen, und kehrte forsch zum Thema zurück: «Die Damen haben also ein Trockenheitsproblem.»

Einen quälend langen Moment lang waren wir alle still. Kurt und Ilse erröteten. Ilse nestelte am Blusenkragen und senkte den Blick. Kurt stammelte: «Also meine Frau und ich ... also so oft ... wissen Sie, in unserem Alter ... also so oft ... und wenn, dann waren wir mit dem Vagisan eigentlich sehr zufrieden!»

Ilse hatte letztes Ostern nach vier Eierlikör aus dem Nähkästchen geplaudert. Meine Enkelin hatte behauptet, Sex würde Kalorien verbrennen. Ilse würde so etwas normalerweise nie sagen, aber beschwipst, wie sie war, entfuhr es ihr: «Was soll man in 30 Sekunden alle paar Monate schon groß verbrennen?»

Das Fräulein Verkäuferin stieß ein grunzendes Geräusch durch die Nase aus. Unter Tränen schob sie ein «Nschuldigung» nach und lief davon. Diese Jugend! Keine Kontinenz!

Ich stelle die Halspaste ins Regal zurück.

«Lasst uns gehen», sagte ich.

«Und es war doch Dressurreiten», brummelte Kurt. «Vielleicht nicht 84, sondern 88.»

Wir beide verließen den Laden, nur Ilse gab nicht auf. Nach 10, 15 Minuten hielt sie ein Tütchen in der Hand und redete nunmehr auf eine andere Verkäuferin ein. Sie kam nach weiteren fünf Minuten strahlend hinterher und holte stolz zwei kleine Pröbchen aus der Tasche. Und was soll ich sagen? Wenn ich bei Dr. Bürgel Urinproben abgebe, sind die Röhrchen eindeutig größer.

> Man denkt, man hat alles eingekauft, und dann wird das Toilettenpapier knapp. Ich habe gerade das drittletzte 24er-Paket angebrochen.

Wir bummelten weiter durch das Zänter und gaben acht, dass Kurt uns nicht entwischt. Er läuft uns nämlich immer öfter weg in letzter Zeit. Es ist wirklich nicht auszuhalten mit ihm! Er lässt sich ganz leicht ablenken, und ein bisschen ist es auch Absicht, ich kenne ihn. Er war schon auf der Hinfahrt ganz brummig, und wir merkten, dass er keine Lust zum Einkaufen hatte. Ilse wollte aber, wo wir nun schon mal da waren, nach einem Kleiderrock für die goldene Hochzeit von Mechthild und Siegfried Ficklscherer schauen. Das duldete keinen Aufschub mehr, die Feier stand in 8 Monaten auf dem Programm, da wurde es höchste Zeit. Ich hatte erst überlegt, ob ich meine Beziehungen für Ilse spielen lassen und ihr «Giselas flotte Mode» empfehlen sollte. Für Gisela Grabert, die Inhaberin, sollten Gertrud und ich nämlich mal Mannekengs werden. Ja, lachen Sie nicht! Wir hatten für den Urlaub nach einer Hose gesucht, und da hat uns die Chefin angesprochen, ob wir nicht Lust hätten, bei einer Modenschau ein paar ihrer Modelle vorzuführen. Es sollte ein bunter Nachmittag im Altenheim «Abendsonne» sein, es käme ein Jugendmusikorchester, das unseren Auftritt mit schönen Melodien untermalt, und wir sollten uns sogar ein Kostüm als Honorar aussuchen.

Gertrud und ich waren gleich ganz begeistert und sagten zu. Ich hatte mich sehr darauf gefreut und bei Ilse in der Wohnstube geübt. Kurt hat gepfiffen und gesagt: «Renate, du bist ein fescher Feger.» Danach war Ilse so eifersüchtig, dass sie die Fernbedienung versteckte und er keinen Fußball gucken konnte, eine ganze Woche lang. Ja, aber wo war ich? Ach, die Modenschau. Die Modenschau im Altersheim wurde dann einen Tag vorher abgesagt, weil sie einen Trauerfall hatten. Zuerst habe ich das einfach hingenommen, wegen der Pietät. Sie wissen schon, man will ja in so einem Moment nichts Falsches sagen und jemanden verletzen. Aber seien wir doch ehrlich, wann werden die in einem Altenheim mal keinen Trauerfall haben?! Gisela Grabert hat sich nie wieder bei mir gemeldet, und deshalb verwarf ich die Idee, mit Ilse bei ihr nach einem Kleiderrock zu suchen. Es gab keinen Grund, ihr noch Kundschaft zuzutreiben. Und wo wir schon im Einkaufszänter waren, bummelten wir – immer ein waches Auge auf Kurt – die Schaufenster entlang. Ilse und ich stiegen auf die elektrische Rolltreppe – ach, mir wird da düselig! Ich habe immer Angst, ich klemme mir den Fuß ein. Wenn ich weiß, dass wir mit der furchtbaren Maschine fahren, ziehe ich auch immer bequeme Schuhe an, am liebsten meine Gesundheitsschuhe mit der Luftbettsohle.

Ilse hielt meine Hand, wir atmeten tief durch und freuten uns, dass wir es geschafft hatten und oben waren. Durch die Aufregung waren wir einen Moment abgelenkt und hatten nicht auf Kurt geachtet. Bis eben war er noch hinter uns, aber nun konnten wir sehen, dass er nicht nach oben fuhr, sondern auf der anderen Rolltreppe abwärts in das Tiefgeschoss. Das war ein Schreck! Ilse und ich konnten nicht zurück, wir mussten erst hochfahren. Beim Absteigen machten wir wieder einen großen Schritt. Durch die Aufregung zögerte Ilse einen Augenblick zu lange, blieb mit dem Schuh an der Stufe hängen und stolperte. Ich konnte sie gerade noch stützen. Man müsste sich beschweren, das ist wirklich eine Höllenmaschine. Die saugt uns eines Tages noch ein und frisst uns auf!

Wir fuhren wieder runter und wieder hoch, ach, wohl bestimmt eine Stunde lang. Mir wurde ganz schwindelig. Der Kreislauf, Sie wissen schon. Ich habe ja als Diabetiker immer eine Notmahlzeit dabei, falls ich unterzuckere, und so machten wir erst mal Rast. Wir setzten uns neben einen Springbrunnen, und ich packte meine Schnitten aus. Ilse wollte nicht abbeißen, ihr war die ganze Aufregung auf den Magen geschlagen, und sie konnte nichts essen. Einen Schluck Korn aus dem kleinen Fläschchen lehnte sie jedoch nicht ab.

Ein bulliger Herr ohne Haare kam auf uns zu. Er trug einen schwarzen Anzug. Auf der Brusttasche stand in roter Schrift CARITAS oder SECURITAS oder so ähnlich, ich weiß das nicht mehr. Das ginge so nicht, schnauft er. Wir dürften nicht hier sitzen und Alkohol trinken. Alkohol trinken? Ich? Der sollte mich kennenlernen! Ich richtete mich auf und wollte ihm gerade was erzählen, aber Ilse fiel mir ins Wort. «Herr Wachtmeister, mein Mann ist weg!», bremste sie mich. Der kräftige Herr Wachtmeister ließ sich Ilses Ausweis zeigen und bat uns mitzukommen. Er brachte uns zu einem Informationsstand. Ein sehr freundliches Fräulein machte eine Durchsage für uns: «Herr Kurt Gläser wird gebeten, sich am Informationsstand im Erdgeschoss zu melden. Herr Gläser, bitte melden Sie sich. Ihre Frau wartet hier auf Sie.» Es vergingen keine zwei Minuten, da klingelte beim Fräulein das Telefon. Sie telefonierte, ohne ein Wort zu sagen, nur mit «Mmmmmh», «Aha» und zum Schluss ein «Tschüssi». Dann schaute sie zu uns und sagte: «Ulla Popken. Er ist bei Ulla Popken. Wissen Sie, wo das ist?» Ilse entrüstete sich. «Was heißt hier ‹Wo das ist›? Ich kenne die Dame nicht mal, geschweige denn weiß ich, was mein Mann bei ihr macht. Schon gar nicht weiß ich, wo das Luder wohnt!» Sie zitterte vor Erregung, und ich konnte sie gut verstehen. Wenn man nach über 60 Jahren Ehe erfährt, dass der Mann sich am helllichten Tag mit einer fremden Frau ... nee. Ich drückte Ilse die Hand und sagte: «Ilse, egal, was passiert, ich steh dir jetzt bei!»

Wir folgten dem Herrn von der Sicherheit, der ein ganz freches Grinsen im Gesicht hatte. Vor einem Geschäft für Übergrößen blieb er stehen, schaute rein und sagte: «Na, sieht doch so aus, als hätten wir den Vermissten jefunden. Schönen Tag noch, die Damen!» Kurt stand im Laden neben der Kasse. Über dem Arm hielt er zwei Kleiderbügel mit Röcken in Größe 60. «Wo bleibt ihr denn? Ilse, Mäuschen, guck mal, ich habe dir schon was ausgesucht.» Er drückte Ilse mit gespitzten Lippen ein Küsschen auf den Mund. Aus Ilses Augen konnte ich Tränchen rollen sehen. Es war so rührend. «Ach Kurt, du oller Zausel!», schimpfte Ilse ihn liebevoll und streichelte ihm über den Kopf. «Ich trage 38, keine 60!» – «Wir beginnen hier erst mit 42», schaltete sich die Verkäuferin ein. «Das habe ich Ihrem Mann auch gesagt. Er meinte, die Sachen seien für eine Hochzeit und Sie suchten etwas Bequemes, in das auch noch ein Nachtisch passt.»

Wir räumten die Sachen zurück und verließen den Laden.

Wir haben für Ilse dann übrigens im Internet einen jägergrünen Kleiderrock gefunden. Wunderhübsch. Sie war auf der goldenen Hochzeit fast schöner als die Braut.

> Kurt hat die AOK-Schipkarte in den Geldautomaten geschoben, und der Alarm ging los. Ich weiß nicht, wann die Polizei uns wieder gehen lässt.

Sie haben doch bestimmt auch so eine moderne Karte, mit der man Geld aus dem Automaten holen und bezahlen kann? Mir ist das ja nichts. Viel zu unsicher. Ich zahle lieber in bar, wann immer es möglich ist. Für den Notfall ist so eine Geldkarte nützlich, ja, ja. Aber im Grunde bleibe ich dabei: Nur Bares ist Wahres. Zum Monatsersten fahren Ilse, Kurt und ich zur Bank und heben die Rente ab. Das wissense ja.

Wissense, mit dem Euro – man weiß ja auch nicht, was kommt. In diesem Züprien haben die Leute schon nichts mehr bekommen. Die mussten dann nach Griechenland, um Bargeld abzuheben. Das wäre mir was, wo ich doch solche Angst vor dem Fliegen habe! Nee. Also, was man hat, hat man, die Rente wird abgeholt, und ich gebe nur aus, was in der Handtasche ist. So verschleudert man auch kein Geld für Dinge, die man sich nicht leisten kann und im Grunde auch nicht braucht. (Das Kleid von der Diana hat an Zarahlein wunderbar gewirkt. Sagen Sie jetzt nichts!) Das ist ein ganz einfaches Rezept. Sollten sich mal alle zu Herzen nehmen, auch die Politiker. Was die einem so erzählen vom Sparen. Lassen Sie sich nichts von denen vormachen, da wird nur geschummelt. Die reden vom Sparen, aber hören

Sie mal genau hin. Sparen heißt heutzutage, dass sie weniger Schulden machen. Das ist so, als wenn man zu dick ist und dem Arzt sagt: «Ich nehme nächstes Jahr 2 Kilo weniger zu als dieses Jahr.» Dann hat man nach der Logik unserer Politiker abgenommen. Die glauben wirklich, die können uns für dumm verkaufen. Ich bin nur eine einfache alte Frau, aber da lasse ich mir nichts vormachen. Nur Bares ist Wahres, dabei bleibe ich.

Etwas anderes kommt für mich gar nicht in Frage. Zumal mir das mit diesen Automaten, in die man die Nummern schreiben muss beim Bezahlen, auch nicht geheuer ist. Es blendet, und es piept, und dann weiß ich auch immer nicht – war es jetzt 3443 oder 4334? Man darf es ja auch nicht aufschreiben. Stefan amüsiert sich immer über mich, weil ich TIM statt PIN sage. Er meint, wenn die Bezahlreihenfolge unter TIM in meinem Telefonbuch steht, ist das in Ordnung.

Manches Mal hat man die Brille nicht mit, und hinter einem drängeln schon die nächsten Kunden, das ist alles ein Gehetze heutzutage. Manchmal guckt die Verkäuferin einen als alten Menschen auch schon so herablassend an. Dann tippe ich absichtlich falsch. Hihi.

Vor ein paar Jahren hat die Sparkasse hier alles auf Automaten umgestellt. Bargeld bekomme ich noch am Schalter, obwohl das Fräulein jedes Mal sagt: «Frau Bergmann, Sie können auch unseren Automaten nutzen.» Diese blasierten Püppchen in kurzen Kostümen und mit langen Nägeln. Wussten Sie, dass es extra Läden nur für Fingernägel gibt? Das ist vielleicht was! Mir ist – na, lassen Sie es ein paar Monate her sein – eine Schraube vom kleinen Schränkchen im Bad verloren gegangen. Also dachte ich, ich hole mir aus der Eisenwarenhandlung eine Ersatzschraube. Ich ging in so ein Nagelstudio («Mandy», gar nicht weit weg) und staunte nicht schlecht. Es roch nach Horn, überall lagen Plastikkrallen rum, und ein Fräulein Gina erklärte mir, dass sie keine Schräubchen für den Badestubenschrank führen. Sie gab mir einen Gutschein für eine Nagelbettmodellage mit, und wenn ich Glimmerapplikationen machen ließe, bekäme ich drei für den Preis von zwei.

Ich bedankte mich und fuhr mit Kurt zu OBI.

Damen, die solche Fingernägel haben und sonst nichts im Kopf, solche Damen stehen da jetzt am Tresen und werden dafür bezahlt, mich abzuwimmeln. Kontoauszüge gibt es gar nicht mehr persönlich. Früher bin ich zum Schalter, die Frau Scholz grüßte freundlich, wir wechselten ein paar nette Worte über das Wetter und wie es gesundheitlich so geht, und dann fragte sie: «Na, Frau Bergmann, Auszüge wie immer? Die 4544 hinten?», und legte mir die Kontozettel hin. Dann hieß es eines Tages: «Frau Bergmann, ab nächsten Monat stellen wir alles auf Automaten um. Kontoauszüge dann nicht mehr am Schalter, nur noch aus dem Drucker.» Da klopfte mir das Herz ganz schön. Ich bin erst mal nach Hause, habe einen Korn auf den Schreck getrunken und alles ausgemessen. Kurt kam mit zur Bank, und wir haben an einen dieser Druckautomaten den Zollstock gestellt. Wir konnten es drehen und wenden, wie wir wollten: So ein Gerät passte nicht in meine Wohnung.

Wir sind dann zum Kostümfräulein.

Im absoluten Notfall hätte ich die Maschine in den Flur stellen können, aber ich sehe gar nicht ein, dass ich den Schuhschrank ins Schlafzimmer räume, nur damit so eine Kontoauszugmaschine Platz hat. Ich hole höchstens zweimal im Monat Auszüge, da lohnt doch der Aufwand nicht.

Das Gerät kostet ein Heidengeld und braucht Strom, wer bezahlt das eigentlich? Ich möchte weiter zum Schalter kommen und meine Auszüge von Frau Scholz abholen. Basta. Das Fräulein guckte mich verdutzt an und erklärte es mir dann ganz genau. Ich sollte gar keinen Drucker nach Hause kriegen, sondern den in der Vorhalle der Bank benutzen! Da wird man als Kunde in die Vorhalle abgeschoben. Und das, wo ich an die 50 Jahre Kunde bin. Was machen diese Fräuleins eigentlich den ganzen Tag, wenn sie mir die Auszüge nicht mehr geben? Die gute Frau Scholz ist im Vorruhestand. Die anderen Damen würde ich schon beschäftigt kriegen.

Ein paar Wochen später war ich mit Kurt und Ilse in der Stadt. Es war August und höchste Zeit, an die bunten Teller zu Weihnachten zu denken. Bei REWE gab es schon Marzipankartoffeln, Lebkuchenherzen und wunderschöne Weihnachtsmänner in nackt. Knackig waren die! Ilse war darauf nicht vorbereitet und hatte nicht genug Geld im Portjuchee. Meine Chance! Ich ging mit Kurt zur Sparkasse und winkte aus der Vorhalle mit den Automaten dem Fräulein zu. Huhuuu! Kurt klappte sein Portemonnaie auf, und ich zog seine AOK-Gesundheitskarte raus. Der Mann ist schließlich schwer beschädigt, da helfe ich gerne.

«Die?»

Kurt stutzte.

Der Gute ist zwar zu 60% blind, aber Rot und Grün kann er noch unterscheiden. Ich handelte blitzschnell und schob die Karte zwei Minuten später in den Schlitz. Das Gerät ratterte.

Kurt hat die Geheimnummer im Kopf. Kurt und Ilse haben 5811. Das weiß ich, weil Ilse es mir erzählt hat, «falls mal was ist». 58 haben Otto und ich die Fahrt in den Harz gemacht, und 11 war Kirsten, als sie ihr damals die Mandeln rausgenommen haben. Das merkt sich leicht. Kurt stand eintippbereit vor der Apparatur. Er schob die Brille auf die Stirn und hob den Zeigefinger.

«Jetzt?»

Das Gerät klang inzwischen wie eine Musikbox, nach der wir früher immer so gerne getanzt haben. Ich bat Kurt um sein Taschenmesser, ohne das er nicht mal ins Bett geht. Kurt frickelte mit dem Messer am Automaten, um die AOK-Karte zu befreien. Ein Alarmton ging los, wie im Kriech, und um uns herum brach Lärm los, Kinder, nee. Die automatischen Türen blockierten, und niemand konnte mehr rein oder raus.

«Wir haben versehentlich die AOK-Karte ... da ging das ... MACHEN SIE DOCH MAL DEN KRACH AUS», schrie ich das Fräulein an.

«Frau Bergmann, was haben Sie gemacht?», fragte das Fräulein, auf deren Schild Melanie Würselen-Mermagen stand, streng. Die Polente vor der Glastür wedelte Frau Würge-Magen mit einem «Nur zwei verwirrte alte Herrschaften, die eine falsche Karte eingeschoben haben» weg. Das muss ich mir nicht bieten lassen! Ich sagte der Rotenburg-Wümme unumwunden, dass ich weiter an den Schalter kommen will. Und zwar für alles: Kontoauszüge, Barabhebung und Sparbucheinzahlungen. Und Zinsen-Nachtragen. Alles. Für Ilse, Kurt und mich. Gerne hätte ich mich weiter von Frau Scholz bedienen lassen, aber aus ihrem Vorruhestand führte laut der Roten-Wimmer kein Weg zurück.

Sie murmelte etwas von Rentner-Robin-Hood, Seniorenguerilla, Vorschriften, und es wäre Politik der Bank ... Politik. Bleiben Sie mir weg mit Politik!

Fragen Sie nicht, wie ich wieder aus dem Hängesessel gekommen bin, den man Kurt und mir für die Verhandlungen gebracht hatte. Kurt hat vorn an mir gezogen, und das Fräulein musste mir einen Schubs von hinten geben, dann ging es. Was die einem zumuten als Kunde! Ich fühlte mich nicht wohl. Aber gelohnt hatte es sich, wir hatten ihr abgerungen, dass wir in Zukunft unsere Bankgeschäfte wieder am Schalter machen durften.

Nach einer Stunde waren wir bei REWE zurück. Ilse war nicht mehr da. Sie hatte mit Karte bezahlt und wartete am Auto. Da kämpft man für eine bessere Welt, und die beste Freundin fällt einem in den Rücken.

 Bei uns im Einkaufszänter gibt es ein Spezialgeschäft für Dirnen. Es heißt «Pimkie».

Gestern Morgen war ich wie immer beim Bäcker, aber ein bisschen später als üblich. Erst gegen acht. Denn wie ich ins Treppenhaus komme, sehe ich, dass wieder alles dreckig getrampelt ist. Wenn man das gleich wegwischt, ist das doch keine Arbeit, aber das kommt den Damen Meiser und Berber ja nicht in den Sinn, obwohl die Meiser Hauswoche hat und verantwortlich ist. Aber das faule Luder kriege ich einfach nicht mehr erzogen, ich habe wirklich alles versucht: Ich habe ihrem kleinen Jemie-Dieter letztes Jahr im September gesagt, dass er die Schuhe schön putzen muss, weil der Nikolaus manchmal früher kommt. Wenn der Bengel saubere Schuhe hat, kann er das Treppenhaus nicht dreckig latschen, habe ich mir gedacht. Ich habe mir also das Radio schön laut gestellt, Paradieswelle von Schlager Fünfundneunzig fünf. Oder sechs, ich weiß das nicht so genau, und den Schrubberstiel in die Tür geklemmt, damit ich beim Fegen auch was höre. Bei der Gelegenheit habe ich auch gleich die Schnörkel am Treppengeländer mit der Zahnbürste gründlich abgeschrubbt, das war mal wieder dran.

Ja, so ging die Zeit dahin, und als ich zum Bäcker kam, war es schon acht Uhr, das ist sonst nicht meine Zeit. Bei Bäcker Knapp bedient seit ein paar Jahren ein junges Fräulein, die Martina. Sie ist Mitte 40 und ungelernt. Sie ist sehr freundlich, jawoll, aber mit dem Wechselgeld müssense bei ihr aufpassen. Wissense, früher haben zwar nicht so viele Frauen gearbeitet wie heute, aber wenn, dann konnten sie vernünftig Auskunft geben und zogen einen nicht über den Tisch. Heute sind überall nur Aushilfen. Keiner hat mehr richtig Ahnung.

Und WAS die heute auch alle arbeiten, du liebe Güte. Die feilen anderen Frauen die Fingernägel und kleben ihnen glitzernde Mariechenkäfer drauf, ich bitte Sie. Wenn das mein alter Lehrer Müller wüsste, dass er den Kindern für so einen Quatsch die Präpositionen mit dem Genitiv beigebracht hat. Der würde sich im Grabe umdrehen. Gertruds Urenkelin, die Vanessa, lernt jetzt «Systemgastronom». Da kriegt sie beigebracht, wie man aus fertigen Buletten, Käse und Blattsalat Klopsbrötchen macht. Also wenn Sie mich fragen, das kann doch nicht gutgehen auf Dauer. Die Leute werden doch künstlich dumm gehalten. Als Köchin musste man früher auch Frikassee können und Aal in Gelee, nicht nur Pommies und Klopse! Eine Klassenkameradin von Vanessa arbeitet in einem Sonnenstudio. Ich habe nachgefragt, als was. «Servicekraft und Fachberaterin.» Ich konnte das gar nicht glauben. Wissense, Gertrud und ich waren nämlich mal versehentlich in so einem Laden. Wir dachten, es hätte ein neues chinesisches Restaurant aufgemacht, und wollten da schön essen. «Sun Fun» stand draußen dran. Wir haben dann gelernt, dass man sich für Geld Höhensonne geben lassen kann, damit man schön braun wird. Für unsereins ist das nichts, das sollen mal die Jüngeren machen. Es war eine scharf geröstete Dame da, die den Grill einstellte und den Schweiß von der Sonnenbank wischte und ansonsten rauchte und mit ihrem Telefon spielte. Servicekraft nennt sich das! Ach, es ist zum Kopfschütteln. Wissense, ich war bei der Bahn, fast 50 Jahre. Ich habe am Schalter Karten verkauft, bin als Schaffnerin gefahren, und wenn Not am Mann war, habe ich auch im Speisewaggon ausgeholfen. Die Preise hatte ich im Kopf und auch die Verbindungen und Abfahrtszeiten. Der 56er von Berlin-Ostbahnhof nach Leipzig fuhr immer um drei nach halb. Da könnense mich heute noch fragen, das sitzt drin im Kopf, und das vergesse ich nicht mehr. Ich konnte auch den Fahrgästen ihre Anschlusszüge sagen und meist auch, von welchem Gleis sie fuhren. Heute habense alle keine Ahnung. Können nur abkassieren und gucken dann noch, wenn man kein Trinkgeld gibt. Wenn ich schon sehe, wie die Martina beim Bäcker den Kuchen einwickelt! Da wird das Papier rumgewickelt wie um ein Kilo oller Hundeknochen, nee! Das kann ich gar nicht mit ansehen. Ich wickele das manchmal auf dem Verkaufstresen aus und mache es richtig. Aber sie guckt nicht mal hin, die will gar nichts dazulernen.

Letzthin habe ich ein neues Reisekostüm gebraucht. Ilse hat mir beim Aussuchen geholfen. Es ist gar nicht so leicht für Ältere, etwas Passendes zu finden. Es gibt kaum was Flottes, und Ilse mit ihrem Geschmack ist keine große Hilfe beim Aussuchen, aber nach drei Geschäften hatte ich endlich Glück und fand ein schönes Kostüm in Marineblau. Leider waren die Ärmel zu lang. Ich dachte, die würden es für mich ändern, aber die Verkäuferin hat mich nur komisch angeguckt. Stellen Sie sich vor, die hatten nicht mal eine Schneiderbüste! Ein Damenoberbekleidungsgeschäft und keine Schneiderbüste! Aber wenn man sich mal umschaut, wundert man sich nicht mehr. Achtense mal drauf, was die jungen Dinger tragen. Da hat keiner mehr einen Blick für, ob es gut sitzt oder nicht. Ich habe die Verkäuferin gefragt, was sie gelernt hat: Kindergärtnerin. Na bravo. Aber im Kindergarten sitzen dann Schlecker-Verkäuferinnen und passen auf die Kleinen auf, weil das billiger ist, und eine Kindergärtnerin lässt die Frauen mit zu engen Pullovern auf die Straße rennen. Hören Sie mir doch auf. Es ist eine verrückte Welt.

Ich habe das Kostüm trotzdem gekauft und von Ilse die Ärmel kürzen lassen. Ilse macht das schon immer selbst, sie hat da ein Händchen. Man muss nur aufpassen, dass sie einem keine Rüschen und Schleifchen drannäht.

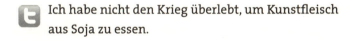 Ich habe nicht den Krieg überlebt, um Kunstfleisch aus Soja zu essen.

Wenn ich sehe, was die Leute heute alles essen, wird mir schlecht. Allein wie das riecht: wie Katzenfutter aus der Dose. Ich kriege das nicht runter. Es geht doch nichts über die gute Hausmannskost. Allerdings bin ich bin auch keine große Köchin und schummele manchmal.

Da war zum Beispiel die Sache mit dem Kartoffelsalat. Das war noch in den sechziger Jahren. Wilhelm, mein zweiter Mann, lebte noch. Er kam nach Hause und sagte, wir wären zu einem Grillfest mit seinen Kollegen eingeladen. Dass er versprochen hatte, ich würde eine Schüssel Kartoffelsalat mitbringen, hat der gute Wilhelm mir aber erst eine Stunde vorher gesagt. Sie wissen ja, wie Männer sind. Nee. Immer nur halbe Sachen, und nie richtig zuhören. Aber ich habe mir gesagt, Renate, habe ich mir gesagt, du stellst dich nicht noch in die Küche in dem guten Kleid. Wäre ja auch gar nicht zu schaffen gewesen, wer hat schon zwei Kilo fertiggekochte Pellkartoffeln da? Ich habe einfach schnell zwei Dosen Kartoffelsalat aus dem Konsum geholt, ihn in eine schöne Porzellanschüssel gefüllt und mit ein bisschen Schnittlauch und Petersilie garniert.

Sie glauben gar nicht, was die Leute geschwärmt haben! Alle wollten das Rezept. Der Salat wurde für Jahrzehnte meine Spezialität. Auf allen Familienfeiern war Renates Kartoffelsalat beliebt und immer als Erstes alle. Als ich 60 wurde, sagte meine Tochter zu mir, dass ich ihr das Rezept dafür jetzt wirklich mal geben muss. Nicht, dass ich noch ins Grab gehe damit. Sonst hatte Kirsten mir die Notlüge, dass Tante Metas handschriftlicher Kladde in Sütterlin nicht zu lesen war, immer geglaubt. Aber aus Kindern werden Leute.

Sie können sich nicht vorstellen, was für ein Schock die Wende für mich war! Ich habe der DDR nicht nachgeweint, aber dass mein Kartoffelsalat nach über 30 Jahren einfach so verschwand, das hat mich schon getroffen. Seitdem habe ich wohl schon Dutzende Kartoffelsalate gekauft und probiert, aber keiner schmeckt so wie der, den alle als Renates Kartoffelsalat kennen.

So was Blödes.

So ein Pech hatte ich übrigens auch mit dem Gebissreiniger. Der teure schmeckte immer so nach Seife und machte die Zähne stumpf. Deshalb habe ich immer die Eigenmarke von Schlecker gekauft. Der nächste Reinfall. Seit der Schlecker-Pleite sitze ich nun da. Noch habe ich Vorrat: Sie können sich ja denken, dass ich mich im Ausverkauf eingedeckt habe, als es zu Ende ging. Wenn ich sparsam bin und nicht damit aase, reiche ich hin, bis ich 98 werde.

Jetzt bin ich aber schon wieder ins Schwatzen gekommen, ich wollte doch eigentlich was ganz anderes erzählen … Herrje. Ich werde eine wunderliche alte Schachtel.

Ach ja. Ich weiß wieder. Es gibt Dinge, die muss man einfach selber kochen. Eine schöne Hühnersuppe zum Beispiel oder andere Eintöpfe. Das macht gar keine Mühe und kocht auf dem Herd so nebenbei vor sich hin. Probieren Sie mal, in der Gaststätte Zickleinbraten zu bestellen oder Nierchen süßsauer … Nee, ich koche in der Regel schon selbst.

Meine Freundin Gertrud lässt sich ihr Mittagessen ja liefern und ist ganz begeistert davon. Gertrud ist, wie Ilse, mein Jahrgang. Sie hat früher als Köchin gearbeitet. Das darf man eigentlich gar niemandem erzählen. Eine Köchin, die sich von Fertigessen ernährt! Nee. Also für mich käme das nicht in Frage, das ginge mir gegen die Ehre. Es ist ja nicht so, dass sie nicht rüstig wäre. Sie ist besser beieinander als ich. Aber Gertrud ist eben etwas bequem und macht da auch gar keinen Hehl draus. Sie sagt, sie hat für ihr Leben genug gekocht und lässt sich jetzt verwöhnen. Das hat sie sich verdient, sagt sie. Lassen Sie es vielleicht zwei Jahre her sein, da rief Gertrud mich an und meinte, dass die Räderessenfirma zu ihrem Jubiläum eine Aktion macht mit Sonderpreisen für Neukunden. Wenn sie mich wirbt, bekommt sie das Essen eine Woche lang umsonst.

Also habe ich bestellt.

Am nächsten Morgen stand eine mollige, aufgedrehte junge Frau in der Tür und schrie mir «Essenaufrääääädääään, guten Tahaaag!» zu. Wie auf dem Fischmarkt, sage ich Ihnen. Wer will noch mal, wer hat noch nicht? Sie drückte mir einen Schuhkarton aus Styropor in die Hand und rannte weg. Morgens. Um zehn. Also nee. Nach fünf hat niemand mehr was im Bett verloren, der keinen Mann hat, sage ich immer, aber vor zwölf isst man doch kein Mittagbrot! Ich bin da auch noch voll vom Frühstück. Der ganze Rhythmus käme mir auch durcheinander, wissense, ich ruhe in der Regel eine Stunde, und wenn ich um eins schon wieder wach bin, läuft «Rote Rosen» noch gar nicht. Nee, das ging so nicht. Ich stellte das Essen auf die Heizung, da blieb es warm, und machte die Schachtel erst um zwölf auf.

In dem Schuhkarton war ein Plasteschälchen mit rosa Aufstrich. Wie das Oil of Olaf, das ich mir ab und zu gönne. Die Nachspeise scheinbar. Außerdem war ein Behälter aus Aluminium dabei. Ich öffnete vorsichtig den Deckel und spritzte dabei trotzdem den Tisch, mein Gesicht, die Brille und ein Stück Küchenboden mit Soße voll. Der Kater kam angerannt, roch daran, stellte den Schwanz steil auf, fauchte und verschwand. Das Hauptgericht war ein stuhlprobengroßer Klecks weißgelber Pampe. Ich kostete vorsichtig. Es war nicht gewürzt. Dazu gab es die Soße, die ja nun schon überall war, und ein Ei. Es flutschte hin und her und war so hart gekocht, dass ich es kaum zu packen bekam.

Ich rief Gertrud an und fragte, was heute auf ihrem Speiseplan stand. Nachdem sie ihre Brille geholt hatte, konnte sie mir sagen, dass es heute Senfei mit Stampfkartoffeln und Nachtisch gab. Aha. Soso.

Vorsichtig kostete ich die Soße noch einmal. Also, Senf war da mit Sicherheit nicht dran. Auch kein Salz. Das hätte alles sein können: Tapetenleim, angedicktes Spülwasser, ein Essen von der Berber, dem liederlichen Ding, gekocht. Kurz und gut, ich habe es nicht gegessen. Der Kater wollte es auch nicht. Ich habe mir stattdessen ein Dose Rawolli aufgemacht. Für den Notfall habe ich so was immer da. Das schmeckt zwar auch nicht, aber wenigstens steht da drauf, was es sein soll.

Zwei Wochen lang ging das so. Bald nach um zehn hechtete das pummelige Fräulein die Treppe hoch, schrie mir «Essenaufrääääääderäään» zu und wünschte «guten Appetit». Ich hatte die Reihenfolge schnell durchschaut. Suppe und feste Mahlzeiten wechselten sich ab. Die Suppe wurde durch Beigabe einzelner Einlagen etwas aufgehübscht, wie wir es auf der Bräuteschule gelernt haben. Damals in den Fünfzigern hatten wir ja nichts, da mussten wir eine Mahlzeit aus wenig und Resten zaubern. Beim Räderessen lagen nach dem gleichen Muster mal ein paar Scheiben Möhren, mal ein paar grüne Bohnen drin. Die Paste in den Petrischalen gab es auch in Gelb und Blau.

Die Kartoffelmasse gab es immer dann, wenn es keine Suppe gab. Die Soße gab es in Hell und Dunkel, gewürzt war sie nie. Ich glaube, der Speiseplan war eher als Anleitung zum Nachwürzen zu verstehen: Geliefert wird die Rohmasse als Grundsubstanz, würzen muss man selbst. Manchmal gab es ein Ei dazu, manchmal eine Art Formfleisch und einmal sogar eine Scheibe Rindsbraten. Sie war zwar sehr klein, dafür aber so fest, dass ich trotzdem eine gute Stunde was zu kauen hatte.

Ich habe die Sache nach vierzehn Tagen beendet. Gertrud hat ja eine Rossnatur und kann so etwas ohne Probleme essen. Die verputzt Erbsensuppe mit Kassler und Nachtisch hinterher, und zum Kaffee passt trotzdem wieder Buttercremetorte in sie rein. Und wenn mir noch alles wehtut von dem halben Stückchen Bienenstich, fragt sie schon wieder, was es wohl zum Abendbrot gibt. Ich werde das nie verstehen.

Sie war jedenfalls glücklich, dass sie ihre Freiwoche bekam.

 Ich habe zu Kirsten gesagt, sie soll mich im Garten erschießen, wenn ich wie meine Mutter werde. Jetzt ruft sie. Ich soll in den Garten kommen.

«Mama kanst du kommen, es isst wichtik. Donnerstach? Ich hole dich fomm Banhof app. Grus und Kus Kirsten»

Nein, das ist kein Druckfehler. Ich habe Ihnen das nur aufgeschrieben, damit Sie mal sehen, was für Nachrichten ich von meiner Tochter bekomme.

Kirsten.

Ich könnte Ihnen erzählen, sie wäre eher musisch begabt, und die Naturwissenschaften sind nicht so ihrs. Aber es hilft nichts, man muss den Dingen ins Auge sehen: Das Kind ist ein bisschen neben der Spur. Sie nennt es Legasthenie.

Sie schlägt nach ihrem Vater, der war auch ein Spinner. Was hat der mir damals für Geschichten erzählt. Aber eine Renate Bergmann ist eben auch eine Romantikerin und für so was empfänglich. Außerdem waren die meisten Männer ja im Krieg geblieben, was hatten wir denn an Auswahl? Ach nee, wartense, das war ja danach. Egal.

Ich habe meinen Frieden mit Kirsten gemacht. Sie geht ihren Weg, und ich muss es nicht gut finden. Sie hat eine Arbeit, von der sie lebt, und sie hat ihren Platz im Leben gefunden. Kirsten arbeitet als Heilpraktikerin für Katzen und macht esoterische Lebensberatung. Lachen Sie ruhig. Ich schüttele da auch nur noch den Kopf. Ulkig finde ich ja schon, dass es Leute gibt, die für so einen Quatsch bezahlen. Sie macht Turnkurse mit Katzen, pendelt den Leuten die Zukunft aus und schmiert überall Kräutertinktur drauf. Sie wittert überall Strahlen, ernährt sich biologisch und pilgert für ihren inneren Frieden regelmäßig durch Italien.

Bitte halten Sie mich nicht für eine schlechte Mutter, aber ich besuche sie nicht gern. Das hat mehrere Gründe.

Erstens wohnt sie in einem Dorf im Sauerland, in dem es nicht mal Internet gibt. Ich habe mit über 80 Jahren dieses Twitter gelernt und auch Fäßbuck und manchmal Excel. Stefan hat gesagt, dass das Tomatentelefon überall Empfang hat, nicht nur in der Wohnung. Ja, und dann hat das Telefon auch Onlein. Jedenfalls meistens. Bei Kirsten ist kein Empfang. Ich habe ihn nämlich von Kirstens altmodischem Telefon gleich angerufen, als ich merkte, dass es nicht geht. Er sagte, wir müssten Kirstens HiFi einstellen, aber auch mit Musik ging das Onlein nicht. Kirsten hat sich gar nicht darum gekümmert und nur gesagt, Internet wäre gar nicht gut für die Schackren. Jaja.

Zweitens gibt es bei Kirsten in Brunskögel nur gesundes Essen und grundsätzlich kein Fleisch. Bestenfalls Ersatzbrätlinge aus Soja. Kirsten macht Salat aus glücklichen

Möhren. Als ich versucht habe, ein paar Schinkenwürfel mit reinzumogeln, machte sie gleich ein Gezeter, Sie ahnen es nicht! Meine Zähne hätte ich genauso gut auch in Berlin lassen können! Für Sojapamps und geraspelte Äpfel brauche ich die nicht. Wir haben uns so gestritten – wissense, in ein paar Jahren gucke ich mir die Radieschen von unten an, da muss ich mich jetzt doch noch nicht an ihnen festbeißen.

Wenn ich Kirsten treffe, sind die ersten zwei Stunden immer die schlimmsten. Dann erzählt sie mir in aller Ruhe, wer alles geheiratet hat, heimlich trinkt und gestorben ist. Wie so eine alte Frau.

Meist fahre ich mit der Bahn nach Brunskögel. Das ist dann immer eine Reise von über sechs Stunden, in der man prima Handarbeiten machen kann oder mit dem Tomatentelefon schreiben, je nachdem, wie lange die Batterie durchhält. Letztens hat Kirsten darauf bestanden, mich mit dem Wagen nach Berlin zu fahren. Sie fährt einen wiesengrünen Porsche. In dem Wagen sitzt man sehr tief und nicht sehr bequem. Als wir nach drei Stunden Rast machten und mal austreten wollten, ach du liebe Zeit, wissense, kam ich gar nicht mehr hoch! Kirsten hat dann zwei rumänische Lkw-Fahrer gebeten, uns behilflich zu sein. Die Herren Bogdan und Miodrag waren sehr nett und zogen vorn an mir, während mir Kirsten vom Fahrersitz aus einen Stups gab. Herr Bogdan schreibt mir jetzt ab und an bei Fäßbuck. Ein sehr netter Herr. Nee, ich muss sagen, ich fahre lieber mit Kurt im Koyota.

Wobei – das muss ich noch kurz einschieben, bevor ich weiterschreibe ... hihi ... –, als ich mit Kirsten gefahren bin, hat sie gefragt, warum ich mich in den Kurven immer zu ihr rüberlehne. «Kurt sagt, es lenkt sich dann leichter», sagte ich, und Kirsten schmunzelte neckisch. Mir war ein bisschen unwohl. Kurt hat eben noch zu einer Zeit Auto fahren gelernt, als die Wagen noch schwerfälliger waren und nicht so leicht zu lenken. Bestimmt kommt das daher.

Im Januar hat Kirsten Gertrud ein Jahreshoroskop für ihre Katze geschickt. Das war mir so unangenehm! Die Leute sollen nicht denken, dass Renate Bergmann eine Kräuterhexe aufgezogen hat. Zum Glück hat Gertrud das niemandem erzählt. Gelesen haben Gertrud und ich das Horoskop trotzdem. Wir haben Tränen gelacht:

«*Das Steinbog-Ketzchen ist umgenglich, liept die Ruhe unt schnurrt gärn. Zuweilen kann es schon mal gans schön kratzbrüstig werden. Steinbock-Kettzchen mögen es gemühtlich und heimelich. Auserdem brauchd es fiel Zuwändunk und for allem Streichelainheiten. Es isst seer auf den Mänschen ficksiert unt ungärn alleine, allerdinks liept es auch die ruhigen Stunden, die es mit Döhsen ferbringt. Dabei sollte mann die kleinen, pältzigen Fierbeiner bessa nich stöhren. Bei Stöhrungen reagieren sie meisst krazent und wirken offt etwas unnaabaar und zurückhalltend. Mit Leckeraihen kann man Steinbock-Katsen begeistern.*

Alles in allem sint die Steinbocke seer umgengliche Zeitgenoßen mitt grosen Ruhebedürffniss.

Forsicht im Mei, da kann es zu gesunthaitlichen Schwierichkeiten komen. Im Sebtembär steet Merkur im dritten Haus unt sorcht vür Haarmonie in der Betziung. Zu den Steinbock-Kattsen passen sehr gut Wage-Kater und Zwillink-Menschen.»

Manchmal lachen Gertrud und ich heute noch.

Das Mädel hat nicht alle Platten an am Herd, aber dass es Leute gibt, die ihr dafür Geld bezahlen – wissense, davor habe ich doch Respekt. Ostern hat es auch ordentlich geraucht zwischen uns, als mich Kirsten in Berlin besucht hat. Als ich mal eine Stunde für mich sein wollte und zu Kurt und Ilse gegangen bin, hat sie mein ganzes Wohnzimmer umgeräumt. Wegen Sheng Pfui und der Strahlen, sagte sie. Nee! Was habe ich mich aufgeregt. Wissense, im Fernsehen hat man nichts mehr erkannt, weil die Sonne blendete. Und ständig habe ich mir am Schränkchen die Hüfte gestoßen, weil ich dagegengerempelt bin. Aber weil es die Reichtumsecke war, sollte der Schrank mit den Sparbüchern mit aller Gewalt vor dem Plattenspieler stehen. Nee. Ich habe gleich nach Kirstens Abreise wieder umgeräumt. Geld habe ich nun wirklich genug.

Kirstens Kunden – oder sollte man sie Patienten nennen? – sind schon sehr sonderliche Menschen. Ich bin bestimmt sehr tolerant und halte es mit dem Alten Fritz – «Jeder soll nach seiner Façon selig werden» –, aber da können Sie Leute sehen! Eine Dame kam mit einem dicken Perserkater und wollte den «Bauch, Pfötchen, Po»-Kurs mitmachen. Da war es aus mit mir, ich musste raus. Ich wollte gleich Ilse und Kurt anrufen, um ihnen davon zu erzählen. Aber das Händi ging ja nicht, und ich musste bis zur alten Eiche am Ortsausgang laufen, wo es hoch nach Bügelsdorf geht. Da hatte ich dann zwei Striche Empfang und konnte kurz mit Ilse reden.

Einmal klingelte Kirstens Haustelefon, als sie in einer «Behandlung» war. So nennt sie das, wenn sie die Katzen mit buntem Licht bestrahlt, mit ihnen tanzt und dabei Räucherstäbchen abbrennt. Ich habe mich mit «Hier ist Renate Bergmann in der Praxis Mohrskötter, kann ich Ihnen helfen?» gemeldet. Es war ein Mann dran, der wissen wollte, wann und wo die Séance stattfindet, ob Kennedy Deutsch spricht, wenn sie ihn rufen, und ob er die Wasserpfeife wieder mitbringen soll.

Ich habe aufgelegt, meinen Koffer gepackt und bin abgereist. Das ist einfach nicht meine Welt. Kirsten soll mit den Katzen turnen und Tofu essen. So haben wir uns arrangiert und leben gut damit. Wir sehen uns zwei-, dreimal im Jahr, und das langt auch. Ich bin sehr gespannt, was es «wichtikes gipt». Vielleicht tanzt sie es mir ja vor, ich rechne fast damit ...

 Das Kind kommt! Prinzessin Kät bekommt ihr Baby! Die werden doch wohl heißes Wasser und eine frische Zeitung haben?

Die Frau Bach hat vielleicht gestrahlt heute Morgen beim Bäcker: Sie ist wieder Uroma geworden! Ich habe nicht mitgezählt, das wievielte Urenkelchen es insgesamt ist. Frau Bach ist schon ein bisschen durcheinander, es kann durchaus sein, dass sie mit der gleichen Niederkunft wiederholt geprahlt hat. Den Namen wusste sie nicht, ich habe auch gar nicht nach dem Vater gefragt. Bei den Familienverhältnissen weiß man ja nicht, ob überhaupt einer vorhanden ist. Frau Bach wusste nur, dass es ein Mädchen ist und dass Mutter und Kind wohlauf sind. Gerade fünf Pfund hatte die Kleine und kam viel zu früh. Sie mussten sie per Kaiserschnitt holen. Ich weiß ja nicht, ob das nicht nur eine Modeerscheinung ist. Wir haben früher jedenfalls alle ordentlich gepresst; Ilse, Gertrud und ich auch. Meine Kirsten hatte an die neun Pfund, das war eine schwere Geburt. Ich war doch so eng gebaut, wissense, und zehn Tage über die Zeit mit ihr. Da war mir schon klar, dass es ein Mädchen wird – wissense, wenn man über den Termin ist, sagt man doch immer: «Das ist ein Mädchen, das putzt sich noch und macht sich hübsch.» Wenn es mal bloß so gewesen wäre; Kirsten hatte ganz lange Fingernägel und einen grünen Grind auf dem Kopf, als sie endlich kam. Ab dem errechneten Termin musste ich mich jeden Tag im Krankenhaus melden. Es waren an die sechs Kilometer Weg. Ich bin täglich mit dem Fahrrad in die Klinik gefahren. Die Straßenbahn fuhr wohl auch, ja, aber die kostete pro Fahrt zehn Pfennich, und ich war schon immer sparsam. Ich bin tatsächlich mit dem Fahrrad zu meiner eigenen Entbindung gefahren, das erzählense heute mal jemandem. Als ich am zehnten Tag drüber da ankam, zog es auf einmal in der Seite, und dann lief mir auch schon das Fruchtwasser über die Füße. Was meinense, wie die Schwestern da gerannt sind und mich flugs in ein Bett gelegt haben.

Sollense mal nicht denken, dass Kirstens Vater dabei gewesen wäre. Das war zu der Zeit nicht üblich, das kann man ihm gar nicht zum Vorwurf machen. Männer von heute sind ja auch ganz anders als früher. Heute sind die Papas im Kreißsaal dabei, schneiden die Nabelschnur durch und holen später ihre Töchter vom Kindergarten ab. Na, wenn ich mir das bei Wilhelm vorstelle! Der konnte doch mit Kirsten gar nichts anfangen. Das Kind hatte still zu sein und der Mutti im Haus zu helfen, wenn es hochkam, hat er mal bei den Hausaufgaben über die Schulter geguckt. Aber auch nur bis zur dritten Klasse, dann wurde die Mathematik zu kompliziert. Kindererziehung blieb doch mehr bei der Mutter hängen, das muss man ganz klar sagen. Dass Wilhelm das Kind gewickelt oder gar Windeln gewaschen hat – daran kann ich mich nicht erinnern. So was ist nicht vorgekommen. Wissense, wir haben die Windeln damals ja noch ausgekocht und im Topf gewaschen, das kann sich heute ja keiner mehr vorstellen. Das blieb alles an uns Frauen hängen. Jeden zweiten Tag, pfui, und wie hat das gestunken! Man wollte den Eimer mit den vollgelehmten Windeln ja auch nicht tagelang im Bad stehen haben, das stank ja bestialisch. Da hatte man als Mutter ein ureigenes Interesse daran, dass die kleinen Scheißerchen sauber werden. Und heute? Da binden sie den Kleinen eine Plastikwindel um und legen sie ins Bett. Die pischern da rein, und der Zellstoff saugt alles auf, und die merken gar nicht, dass sie sich nass gemacht haben, und schlafen friedlich weiter. Was meinense, wie meine Kirsten gebrüllt hat, wenn sie eingepullert hatte. War ja nass und wurde auch recht schnell kalt, nich. Da war das Kind dann gnaddelig und ich auch, weil ich rausmusste des Nachts. Sie war mit 14 Monaten trocken, wir haben das so lange geübt mit dem Töpfchen, bis es geklappt hat, manchmal auch mitten in der Nacht. Von da an hat sie nie wieder eingemacht.

Ja, so war die Zeit. Wir Frauen hatten kein leichtes Leben; Kinder, Haushalt – alles blieb an uns hängen. Dass man das neben dem Beruf so mitmacht, das sieht keiner. Und es hört auch nie auf. Wissense, als Hausfrau wird man nicht Rentner. Da arbeitet man immer weiter. Die Bahn hat mich mit 60 pensioniert, jawoll. Aber im zweiten Beruf Hausfrau arbeitet man weiter. Immer weiter. Die Männer – die bleiben mit 60 oder 65 dann zu Hause und legen die Füße hoch oder züchten Kaninchen, aber wir Frauen? Putzen, waschen, kochen – meinense, bloß weil man 65 ist, klingelt morgens eine Zugehfrau an der Tür und sagt: «Guten Morgen, ich bin die Anscheliek, ich mache hier sauber und komme jetzt jeden Tag»? Nee, als Hausfrau habense keinen Feierabend und können auch nie in Rente gehen. Meist wird das Leben ab dem Rentenalter sogar noch schwerer, weil die Männer dann plötzlich zu Hause sind und einem vor den Füßen rumstehen. Nun, bei mir ja nun nicht, aber dafür habe ich eben den Gieß- und Harkaufwand.

Wilhelm läutete alle paar Stunden im Schwesternzimmer an, als ich mit Kirsten in den Wehen lag, und fragte, ob es Neuigkeiten gebe. Wir hatten ja kein Telefon, er musste immer die Straße runter zu Kaufmann Schlegel, der hatte Fernsprecher. Wir kauften gern bei ihm, er hatte auch immer Korn da, selbst wenn beim HO und im Konsum die Regale leer waren. Immer, wenn Wilhelm zum Telefonieren runterging, kaufte er eine Flasche Korn für seine Kollegen, um die Ankunft seines Nachwuchses gebührend feiern zu können. Als die Kleine dann endlich da war, hatte er 12 Flaschen beisammen und ließ sich erst am zweiten Tag nach der Geburt bei mir blicken – mit drei mickrigen Tulpen und einer Fahne, die mich fast hat ohnmächtig werden lassen. Ich weiß noch wie heute, dass ich ihn losgeschickt habe, um eine Vase zu suchen, und er mit einer Ente zurückkam. Nee, was habe ich gelacht!

Nee, meine Kirsten war schon eine Wuchtbrumme als Baby. Wenn Sie se heute sehen, würdense das nicht denken. Eine ganz Zierliche ist das, das kommt von ihrem Yoga und Gemüseessen. Das Mädel, nee!

Bei den Bachs muss man sich nicht wundern, dass die

Kinder so mickrig sind. Die haben seit Generationen so oft untereinander geheiratet, Cousinen, Großcousinen, einer sogar seine Nichte. Frau Bach war eine Kusscousine ihres Mannes. Die können machen, was sie wollen – die heißen immer alle Bach und haben alle eine Zinkennase, weil die dominant in der Vererbung ist. Rechtlich mag das alles in Ordnung sein mit ihrer Heirateri, aber ich weiß das von Walters Kaninchen: Wenn nicht ab und an frisches Blut reinkommt, werden sie anfällig für Krankheiten, und die Jungen werden immer mickriger. Ich habe auch gar nicht gefragt, ob die Enkelin verheiratet ist oder nicht – wahrscheinlich ist es egal, und sie heißt so oder so Bach.

Deshalb bin ich so froh, dass die Engländer nun auch Bürgerliche ins Königshaus haben einheiraten lassen. Und guckense sich den kleinen Georch an – ist er nicht ein Moppelchen? Kein Vergleich zum mickrigen Bachkind. Ein strammer Thronfolger. Und der William ist so ein kräftiger, hübscher Kerl. Gut, er hat schon eine Glatze mit gerade mal 30, aber man kann nicht erwarten, dass die Diana alle Erbschäden auf einmal wieder aus der Linie kriegt nach Jahrhunderten der Inzucht. Und der kleine Schorsch – so ein prächtiges Baby. Kräftig und mit Haaren.

Ach, da hab ich mitgefiebert seinerzeit. Wissense, die Herzogin Kät war ja auch schon über die Zeit, wie ich damals mit Kirsten. Ich konnte keine Nacht mehr richtig schlafen und war in Gedanken die ganzen letzten Tage bei dem Mädelchen. Gertrud und ich wollten in der Woche nach dem Geburtstermin auf eine Busfahrt, ich hatte das zeitlich extra so geplant, dass die Reise erst nach der Niederkunft liegt. Das wollte ich doch wirklich nicht verpassen. Und dann ging die Kät über die Zeit, nee, also das hat mich richtig mitgenommen. Natürlich hatte ich das Händi im Bus dabei, aber gerade auf Fahrten übers Land hat man ja doch ab und an keinen Empfang … ich sprach mit dem Busfahrer, dass er das Radio ganz leise anlässt, aufpasst und uns Bescheid gibt über sein Bordmikrofon. Man konnte doch damit rechnen, dass die Ankunft des Thronfolgers im Rundfunk gemeldet würde – aber es passierte den ganzen Tag über nichts. Ich konnte die Busfahrt gar nicht richtig genießen, alle paar Minuten schaute ich auf mein Telefon. Und dann war es so weit! Wissense, ich hätte mir ja ein Mädchen gewünscht und dass sie es Diana nennen. Wenn ich nur daran denke, muss ich schon wieder fast weinen. Wenn die Lady Di das noch hätte miterleben dürfen! Aber ich sach immer: Hauptsache gesund! Ich hatte schon seit Wochen eine gehäkelte Ausfahrgarnitur fertig liegen in Rot und Blau, die britische Fahne ist ja so. Es hätte auch bei einem Mädchen gepasst. Nur, dass der Kleine ein solcher Brummer war, brachte mich aus dem Konzept. Ich musste das Mützchen noch mal aufräufeln und vier Maschen mehr einsetzen. Wenn man sich die Arbeit schon macht, soll es ja auch passen, nich? Am nächsten Tag fuhr mich Kurt zur britischen Botschaft, und wir gaben das Geschenk ab. Sie haben mir versichert, dass sie es nach England schicken und dass Kät es bekommt. Wissense, ich hätte es auch selbst geschickt, aber ich weiß mit dem Porto ins Ausland nicht so gut Bescheid. Und so geht es ja auch. Die sind ja sehr verlässlich. Die Geburtstagskarten für die Elisabeth gebe ich auch immer da ab, da spart man das Porto, wissense. Wobei man «sparen» nun auch nicht sagen kann, Sie glauben nämlich gar nicht, wie schlecht man an der Botschaft oder am Brandenburger Tor parken kann.

Wo Kurt auch hielt, hupten sie und scheuchten uns weg. Wir mussten dann ins Parkhaus fahren, liebe Zeit, es war so eng und dunkel ... und Kurt mit seinen Augen ... ich darf gar nicht dran denken. Und nachher haben wir 4 € bezahlt für nicht mal eine Stunde Parken, also viel teurer wäre das Porto wohl auch nicht gewesen.

> Frau Schmunk kommt ins Heim. Die Familie hat ihr vorher die Goldzähne entfernen lassen, damit sie später beim Bestatter nicht wegkommen.

Wissense, was ich an alten Leuten nicht leiden kann? Wenn sie ohne Grund jammern.

Ich halte es da – Gott hab sie selig – mit Hildchen Knef: «Einem geschenkten Maul guckt man nicht ins Maul.» Das Leben ist ein Geschenk, und wir haben die Pflicht, das Beste daraus zu machen. Niemand hat uns versprochen, dass es immer leicht und schön wird. Ich bin lange genug in diesem Leben unterwegs, um zu wissen, dass man die guten Tage auskosten muss. Gejammer über Zipperlein kann ich nicht ertragen. Mich zwickt es auch mal im Rücken, und manchmal düselt es ein bisschen – aber schauen Sie mal, ich bin für meine 82 noch recht rüstig und auch im Kopf noch ganz gut beieinander. Wie komme ich denn dazu, mich zu beschweren? Aber auch eine Renate Bergmann merkt erst, wie gut es ihr doch geht, wenn es mal nicht so ist.

Vorletzten Winter hatte ich den Fall. Ich war morgens um sechs beim Brötchenholen gestürzt, weil die liederliche Stadtreinigung so früh die Fußwege noch nicht kehrt. So früh! Da war jedenfalls mein Knöchel hin. Im Krankenhaus war es unerträglich. Nee! Mit mir im Zimmer lag eine so ordinäre Person. Über 50 war die und kleidete sich noch wie ein kleines Kind. Meist trug sie einen rosa Sportanzug mit Flimmer darauf. Einen Morgenmantel hatte die gar nicht. Sie hatte eine Unterleibsgeschichte und musste operiert werden. Als der Arzt ihr den Eingriff erklärte, sagte sie doch: «Aber nicht das Loch zunähen, das brauche ich noch.» Wie eine läufige Hündin. Ich habe mich so geschämt. Also, für sie. Man liegt ja im gleichen Zimmer, und es fällt ja ein Stück weit auf einen zurück. Ich weiß doch, wie das ist; es wird geredet, und dann heißt es: «Die ordinäre Person im Zimmer von Frau Bergmann.» Und schon ist man selber ins Gerede gekommen. Nee. Also nee. Ich wollte nach Hause! Für die Übergangszeit kam ich mit meinem operierten Fuß allein nicht zurecht, das musste ich einsehen. Lassen Sie Kirsten sein, wie sie will, aber in der Situation war sie gleich da und kümmerte sich. Sie organisierte Schwestern vom Pflegedienst, die mir helfen sollten. Wissen Sie, als Rentner hat man ja tausend Dinge zu erledigen. Die Katze muss gefüttert und der Einkauf erledigt werden, der Lottoschein muss pünktlich zur Annahmestelle, der Hausflur gründlich gebohnert und gewischt ... Tausend kleine Dinge eben.

Die Erste, die kam, war Fräulein Nadine. Die stampfte mit ihren Straßenschuhen über meinen Teppich! Na, der habe ich aber was erzählt. So ein flegelhaftes Mädel. Ich habe sie gar nicht erst ablegen lassen, sondern gleich nach Hause geschickt. Renate, habe ich mir gesagt, Renate, hier biste mal konsequent!

Die Nächste, die kam, war Fräulein Monika, Anfang 50 und gut bei Sache. Sie war auf den ersten Blick sehr nett und zog sich auch die Schuhe aus.

Aber behandelt hat sie mich wie ein kleines Kind! Nicht Frau Bergmann, nicht Sie, nicht mal Du, Renate. Immer wir! Wie im Kindergarten oder bei der SPD. Sooooo, Frau Bergmann, nun wollen wir mal ... Himmel! Ich hatte nur den Fuß gebrochen und war nicht debil! Das habe ich ihr dann auch klipp und klar zu verstehen gegeben. Eine Renate Bergmann ist nie um ein offenes Wort verlegen. Wenn man den Leuten gleich von Anfang an sagt, was einem nicht passt, geht es meist gleich viel besser. Aber nicht im Fall von Frau Böhrer ... sehense, jetzt fällt es mir wieder ein, Monika Böhrer heißt sie. Bei der Hausarbeit stellte sie sich leidlich geschickt an. Es ging so. Natürlich: Wenn ich sauber mache, dann richtig. Halbe Sachen gibt es bei Renate Bergmann nicht. Wenn ich mit dem Treppenhaus fertig bin, blitzt es, und Sie können vom Boden essen. Ich kriege das Linoleum auch ohne Bohnerwachs hin. Seit die Frau Halster aus dem 5. Stock ausgerutscht und zwei Treppenabsätze tief runtergesegelt ist, hat mir die Hausverwaltung zwar Bohnerwachs verboten. Aber ich habe so meine Tricks.

Frau Böhrer war nach den paar Stunden schon ziemlich empfindlich. Kontrollfriek nannte die mich. Kontrolle muss aber sein, da darf man nicht schludern. Die Kartoffeln schälte die so dick, dass kaum etwas davon übrig blieb. Ja, die jungen Dinger heutzutage! Das habe ich ihr erst mal zeigen müssen. Das geht doch so nicht. Die Leute kaufen ihre Kartoffeln im Supermarkt und wissen gar nicht mehr, dass die auf dem Feld wachsen. Ich habe damals nach 45 mit meiner Mutter noch Hamsterfahrten gemacht, und das hatte nichts mit Kaffeefahrt zu tun. Wir sind mit dem Zug raus aufs Land und haben getauscht, was der Krieg uns gelassen hatte – Goldringe, Teppiche, Silberbesteck; nur, um was zu beißen zwischen die Zähne zu kriegen. Das steckt bis heute bei mir drin. Wenn ich sehe, dass Kartoffeln zu dick geschält werden oder dass etwas umkommt, was man noch essen kann – nee, da komme ich nicht drüber weg. Frau Böhrer setzte meine Tipps mit zusammengebissenen Zähnen um. Aber als nach dem Wischen so hässliche Schlieren auf den Fliesen blieben, musste ich deutlicher werden. Frau Böhrer schleuderte den Wischlappen in die Ecke, schnappte ihren Mantel und warf die Tür zu.

Das Quietschen ihrer Autoreifen war das Letzte, was ich von ihr gehört habe.

Am nächsten Morgen klingelte dann das Fräulein Manja. Sie hat die Schuhe ausgezogen, war höflich und sprach mit mir wie mit einem erwachsenen Menschen. Auch im Haushalt stellte sie sich gar nicht mal so dumm an. Die eingebrannte Kruste am Herd bekam sie prima weg. Dann ging es ans Duschen. Ich brauche da keine Hilfe, sie musste mir nur in die Kabine helfen und das Wasser anstellen. Wissen Sie, im Sitzen kommt man so schlecht an die Armaturapperatur ran. Also an den Wasserhahn. Ich sage einfach Wasserhahn, dann wissen Sie, was ich meine.

Fräulein Manja ging aber nicht weg, sondern fing an, mich abzusprühen. Das Wasser lief mir in die Augen, und ich rief, dass sie mich in Frieden lassen soll. Das animierte Fräulein Manja offenbar noch mehr. Sie schamponierte mir den Kopf und sagte: «Frau Bergmann, das ist alles im Service inbegriffen. Hilfe bei der Körperpflege. Alles mit dabei!» Mir lief das Schaumwasser in den Mund, und ich gurgelte. «Laffen fie mifsch los!» Fräulein Manja griff zum Waschlappen und wollte mich an Stellen waschen ... ich kann das hier gar nicht wiedergeben. Keiner meiner vier Ehemänner hat mich da je angefasst. Und jetzt kam dieses Pflegefräulein und wollte mich da mit dem Lappen abrubbeln? Mir wurde ganz heiß vor Wut. Und dann noch mit dem Gesichtslappen, nicht mit dem für untenrum.

Ich staune heute noch, wie viel Kraft in mir steckte. Jedenfalls war nachher der Duschvorhang abgerissen, und Fräulein Manja blutete aus der Nase. «Verfluchtes altes Luder» nannte sie mich. Mich! Eine hilfsbedürftige Person!

Das war der dritte und letzte Versuch mit den Fräuleins. Ich habe die Rechnung anstandslos bezahlt. Erst wollte ich protestieren, aber Kirsten meinte, dass wir dankbar sein müssen, wenn wegen Fräulein Manja nichts nachkommt. Ein paar Wochen lang halfen mir Ilse und Gertrud beim Nötigsten, aber wissense, unter uns: Gertrud hat auf der Bräuteschule nie richtig aufgepasst.

Ich hoffe jedenfalls, dass ich noch lange mobil bleibe und mein Leben ohne die Hilfe Fremder und Gertrud und Ilse meistern kann.

> Manchmal sehe ich Kinder und denke so bei mir: «Ja, Renate, immer gelingen sie eben nicht.»

Eigentlich bin ich noch gut zu Fuß. Aber im Winter nehme ich gerne den Rollator, weil man damit nicht so leicht rutscht. Ich muss nur daran denken, die Bremsen festzustellen, wenn ich mich kurz draufsetze, um zu verschnaufen. Sonst rollt er weg, und man sitzt mit dem Po im Schnee. Glauben Sie mir, ich weiß, wovon ich rede. Ich lag morgens im Dunkeln auf der Straße, der Rollator sieben, acht Meter weiter weg im verschneiten Gebüsch. Erst nach wohl zehn

Minuten kam eine junge Frau vorbei, deren dicke Tochter mich gefunden hatte und sie mit einem unflätigen «Schau mal, Mutti, die Oma macht Schneeengel!» zu Hilfe rief.

Morgens hole ich mir nämlich sommers wie winters meine Milchbrötchen vom Bäcker und nehme immer ein halbes Brot vom Vortag dazu. Das gibt es dann zum halben Preis, denken Sie nur! Leider nehmen sie keine Vorbestellungen dafür entgegen. Was glauben Sie, was ich da schon diskutiert habe. Ein halbes Brot vom Vortag, das kann doch nicht so schwer sein. Aber ich schweife schon wieder ab.

Es war Donnerstag, ich hatte meine Milchbrötchen gekauft und Elsbeth Gallert getroffen, die von ihrer Hüftoperation erzählte. Wir waren so ins Gespräch vertieft, dass ich mir nebenbei meinen Rollator griff und ihn durch den Schnee nach Hause schob. Als ich vor meiner Tür ankam, hatte dort schon ein Rollator eingeparkt. Nanu, so früh schon Besuch? Das gehört sich doch nicht! Dann erst sah ich die schöne Halterung für das Tomatentelefon am eingeparkten Modell. Mir wurde heiß und kalt. Ich war ohne Rollator losgelaufen und hatte beim Bäcker ein fremdes Gerät gegriffen! Du liebe Güte. Renate Bergmann, eine Diebin!

Ich bin sofort zurück zum Bäcker, um die Sache aufzuklären. Eine Renate Bergmann steht dazu, wenn sie etwas verbrochen hat. Die Verkäuferin erkannte das Modell von Frau Brambeck, weil sie den Fuchsschwanz von Hans Jürgen, der schon so lange tot ist, am Lenker hat. Ich kenne die alte Frau Brambeck erst so 10, 15 Jahre aus dem Seniorenverein. Sie ist schon über 90 und stark gehbehindert. Wie sie wohl nach Hause gekommen ist? Sie glauben gar nicht, wie unangenehm mir das alles war.

Am Tresen hing schon ein großer Zettel: Rollator gestohlen: Hinweise bitte an Ruth Schiefert, Telefon 55 66 42.

Diebstahl! Ich! Ich war ganz außer mir. Ich habe im Leben noch nichts gestohlen, außer damals im REWE, als Gertrud mich provoziert hat und sagte, ich würde mich nicht trauen, die kleine Flasche Korn ... aber das gehört nun wirklich nicht hierher.

Ich habe sofort versucht, die Nummer in das Tomatentelefon zu tippen, aber es war so kalt, und meine Hände zitterten vor Aufregung. Mit Handschuhen funktioniert so ein Telefon nämlich nicht, ich habe es probiert. Wenn Sie das hinkriegen, schreiben Sie mir bitte. Ich lerne gern dazu! Und den fünften Winter in Folge ohne meine roten Roeckl wird es langsam auch kalt. (Ich habe auch mal versucht, mit der Zunge die Null zu treffen. Aber das ging auch nicht. Das behalten Sie jetzt aber bitte für sich, ich verlasse mich da auf Sie.)

Der vierte Versuch glückte. Ich hatte endlich ein Freizeichen.

Ich schilderte der Frau Schiefert, der jüngsten Brambeck-Tochter, was passiert war, und bot an, nachmittags um vier mit Kuchen und Rollator auf einen Kaffee vorbeizukommen. Die alten Leutchen freuen sich doch, wenn unverhofft Besuch kommt.

Ich kaufte acht Windbeutel und sechs Plunderstücke als Wiedergutmachung. Der Rollator war schließlich neu.

Am Nachmittag klingelte ich pünktlich um kurz vor drei bei der Brambecken.

Es passierte aber nichts, keiner öffnete. Die paar Minuten, die ich früher dran war, konnten doch kein Grund sein.

Also klingelte ich bei Schiefert. Der Tobias machte die

Tür auf. Ich kenne ihn, seit er im Kinderwagen lag. Groß ist der Junge geworden. Er hat sogar schon eine kleine Freundin, die Monika. Er sagt Monik zu ihr, fragen Sie mich nicht, warum. Er hielt mir die Hand zur Begrüßung hin, aber ich nahm meine roten Roeckl schnell weg. Jungs zwischen 12 und 17 gebe ich nie die Hand. Wir wissen schließlich alle, wo die vorher mit den Fingern gewesen sind. Tobias lachte nur, als ich ihn fragte, wo die Oma ist, und meinte, dass neben ihr Erbusse landen können, wenn sie ihre Musik angestellt hat. Ich frage mich, was das für Busse sind, die landen. Bestimmt diese neuen, die sich so schief stellen, damit man bequem aussteigen kann.

Als wir in die gute Stube der Einliegerwohnung kamen, saß Frau Brambeck wirklich vor dem Fernseher und klatschte. Dabei war der Ton gar nicht an! Ich erschrak. Dass es so schlecht um sie bestellt war, hatte ich nicht erwartet.

Sie klatschte und klatschte und fing irgendwann an zu singen. «Schön ist die Juhugend, sie kommt nicht meehhhr ...»

Da habe ich es gesehen: Die Brambecken hatte Kopfhörer an.

Tobias hielt die riesige Fernbedienung mit beiden Händen fest. (Frau Brambeck hatte eines dieser Modelle für alte Leute. Wissen Sie, mit bunten Tasten und ganz großen Zahlen. Ich würde mich ja schämen, so etwas auf den Tisch zu legen. Das ist, als würde man sterben und hätte die Zähne nicht im Mund. Ich verstehe auch nicht, warum Frau Brambeck die hat, schließlich ist sie schwerhörig und nicht blind.) Und drückte auf AUS.

Frau Brambeck fuhr hoch: «Aaaaach, Frau Bergmann! Warum haben Sie denn nicht geklingelt? Ich habe doch einen eigenen Knopf!»

Bei einer schönen Tasse Schonkaffee plauderten wir dann wohl an die zwei Stunden. Also genau genommen plauderte ich mit ihrer Tochter, der Frau Schiefert, die nach ein paar Minuten dazukam. Mit Frau Brambeck war wirklich kein Reden möglich, aber immerhin warf sie hin und wieder zusammenhanglose Halbsätze ein. Einmal rief sie: «Und draußen wollten sie uns nur Kännchen bringen!», und als ich ins Spiel brachte, dass die Tochter von Dr. Hambichler heiraten wollte, lächelte sie und sagte: «Mutter hat die große Wäsche immer am letzten Samstag im Monat gemacht.» Einen Korn hatte sie auch nicht im Haus. Ich hätte ja nach den Windbeuteln gerne noch zur Verdauung angestoßen, aber die beiden Damen schauten mich ziemlich entgeistert an. Mein Notfläschchen ließ ich da lieber in der Handtasche. So fett war die Sahne dann auch nicht. Die Plunderstücke hatte ich gleich zu Hause gelassen – schließlich war es ein Versehen und kein Diebstahl. Die gab es am nächsten Tag beim Kaffee mit Ilse und Kurt!

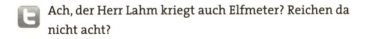 Ach, der Herr Lahm kriegt auch Elfmeter? Reichen da nicht acht?

Ich mache mir nicht viel aus Sport, auch nicht im Fernsehen. Dieses Gehetze, und dann gewinnt jemand wegen weniger als einer Sekunde – also bitte. Wenn ich das schon sehe. Da frage ich nach dem Sinn. Am schlimmsten ist Wintersport. Da rasen die Mädels in Gummihosen den Berg runter oder die Eisrinne, und hinterher weint eine, weil sie 2 Hundertstel langsamer war und nur Silber gewonnen hat.

Ich habe auch mal versucht, dieses Formelfahren zu gucken. Da, wo die Autos immer im Kreis ... Sie wissen schon. Nee, diese Raserei, das war auch nichts für mich. Stefan fand es «kuhl», dass ich schaue, und sagte, wir wären das blaue Auto, es hieße Fettel und dem solle ich die Augen drücken. Die Daumen.

Fußball mag ich auch nicht. Manchmal, wenn ich bei Ilse und Kurt bin, muss ich mitschauen, weil Kurt jedes Spiel guckt. Was hat er denn sonst?

Vor ein paar Monaten lief am Sonnabend im ersten Programm die schöne Volksmusiksendung, auf die Ilse und ich uns so gefreut hatten. Kurt knurrte nur: «Heute kommt aber Fußball! Ich gucke Fußball!» Das hatten wir gar nicht bedacht. Im zweiten Programm wurde ein Spiel übertragen. Ilse winkte zwinkernd ab und sagte: «Renate, das regeln wir schon.» Sie hat Kurt dann zum Abendessen eine Wassertablette gegeben, und wir hatten das Wohnzimmer für uns. Kurt war fast nur auf der Toilette, und als er kurz ins Wohnzimmer guckte, haben wir behauptet, dass Halbzeit ist.

Ach, der Roberto Blanco hat so schön gesungen an dem Abend! Bei «Ein bisschen Spaß muss sein» zwinkerten Ilse und ich uns zu.

An einem Sonnabend im Mai muss ein wichtiges Spiel gewesen sein. Kurt war schon den ganzen Nachmittag aufgeregt. Dieses Mal war keine Wassertablette im Spiel. Das weiß ich genau. Also haben Ilse und ich uns zur Beruhigung dazugesetzt.

Erst hat der Herr Kahn auf einer Insel im Wasser gestanden und wurde gefragt. Er trug noch einen Anzug. 20 Minuten vor dem Spiel! Kurt winkte ab und murmelte, es würde ein Neuer spielen. «Ein neuer Torwart? Wie heißt der denn?» – «Neuer», brummte Kurt zurück. – «Ja, aber wie heißt der Herr, Kurt?», bohrte ich nach. «NEUER.»

Manchmal ist es auch zum Verrücktwerden mit ihm. Ich glaube ja, er hört mittlerweile auch ein bisschen schwer. Es war jedenfalls nicht aus ihm rauszukriegen, wer da spielt.

Wenig später ging es los, die Spieler kamen auf den Platz. Jeder hatte ein Kind an der Hand. Nur ganz vorne liefen zwei Kinder. Eines von ihnen hatte schon kräftigen Bartwuchs. «Das ist Philipp Lahm», knurrte Kurt wieder. Den Herrn Lahm mag ich sehr. Er flitzte wie ein Wiesel und setzte sich für die Kameraden ein. Ein sehr sympathischer junger Mann.

Eine Mannschaft kam in weißen Hosen. Nach einer halben Stunde sahen alle aus wie die Ferkel. Die Flecken kriegen Sie ohne Kochen gar nicht raus. Und die modernen Stoffe heutzutage kann man doch gar nicht mehr kochen?! Da hilft nur eines: Gleich frisch einweichen und Gallseife drauf, dann haben Sie eventuell eine Chance. Mit Flecken kenne ich mich aus, wissense. Mein dritter Mann war Fleischer.

Wo war ich ... ja. Sie müssen mir das schon nachsehen, ich bin 82.

Nachdem alle Spieler auf den Platz gelaufen waren, dachte ich, nun wird gesungen. Aber Kurt sagte, gesungen wird nur bei Länderspielen. Was wir schauten, war Schempjensliek. Fragen Sie mich nicht, was das ist, aber es muss wichtig sein. Kurt erklärte mir, dass wir die mit den roten Hosen sind und dass ein Auslandstor doppelt zählt.

Wie dem auch sei.

Am Ende gab es eine große silberne Vase für Herrn Lahm, die ihm fast bis zur Brust reichte, und Kurt hatte schlechte Laune. Fußball ist nichts für mich, jedenfalls nicht im Fernsehen.

Ein paar Wochen später erzählte Ilse, dass ihr Enkel auch Fußball spielt. Der Verein heißt Kreisliga und hatte Heimspiel. So nennt man das, wenn eine Mannschaft zu Hause antritt; das hat nichts damit zu tun, dass die aus dem Heim sind.

Sie müssen sich nicht schämen, wenn Sie das nicht wussten. Ich musste es auch erst lernen.

Ihr Enkel Jonas spielt Libero. Da schießt man keine Tore. So jedenfalls hat Kurt es mir erklärt. Deshalb wollte er auch nicht, dass ich das Transparent aufrolle, das ich auf einem alten Laken gemalt hatte:

«Jonas vor, schieß ein Tor! Es grüßen dich Oma, Opa und Tante Renate.»

Ilse fand es ganz reizend, aber Kurt sagte, wir würden den Jungen lächerlich machen. Jonas ist jetzt 15, und das wäre ein Alter, in dem man sich vor Gleichaltrigen nicht gern blamiert.

Tzis. Blamieren! Ich hatte es nur gut gemeint, aber na ja. Dann eben nicht.

Das Spiel war an einem Sonnabend. Kurt hat den Wagen direkt hinter dem Tor geparkt, und wir hatten es nicht weit. Kurt kannte den Herrn, der auf dem Sportplatz immer den Rasen mäht und darauf achtet, dass keiner die Zigarettenstummel wegschmeißt. Günther Bauch hieß er.

«Den müsstet ihr auch kennen, der hat mal bei Hertha gespielt!», sagte Kurt zu Ilse und mir.

Ilse zog die Lippen schmal.

«Bei Hertha durften nie Kinder spielen. Sie hatte immer Angst um ihre guten Gläser.»

Kurt guckte wie nach zwei Bier.

«Ja, sie hatte doch die geschliffenen Gläser aus dem Böhmerwald, die hatte sie von ihrer Tante Amalie geerbt, und deshalb durften ihre Kinder nie Freunde zum Spielen mit nach Hause bringen», entgegnete Ilse ihm.

Kurts Augen wurden größer. Und bei seinem Star heißt das etwas, glauben Sie mir.

«Hertha Blechmann, Kurt, nun sag bloß, du erinnerst dich nicht?»

Ilse winkte ab.

Wir kamen gerade rechtzeitig, die Jungen stellten sich auf und begrüßten sich. Es rief aber niemand: «Sport frei», wie wir es früher beim Völkerball gemacht haben.

In den blauen Hemden und Hosen sahen alle gleich aus, aber Ilse sagte, Jonas wäre die drei.

Sie hat ihn dann gleich gerufen: «Wir sind's, die Omi und der Opa! Und Tante Renate ist auch mitgekommen!», flötete sie.

«Huhu, mein Junge!», rief ich hinterher und winkte noch mal.

Jonas wurde rot und brummte. Seine Mannschaftskameraden lachten laut, ich glaube, sie freuten sich mehr über unseren Besuch als der Junge selbst.

Dann pfiff der Schiedsrichter, und alle fingen an. «Junge, du musst dich aber ein bisschen bewegen, sonst frierst du nachher!», rief Ilse besorgt auf den Platz. Ich musste ihr zustimmen, es waren nur knapp Plusgrade. Der Winter war noch nicht vorbei, obwohl der März ran war.

«Ilse, wenn er jetzt rennt und dann schwitzt, holt er sich erst recht was weg», warf ich ein.

Es kam ein Angriff der gegnerischen Mannschaft, und

Jonas musste einem anderen Jungen den Ball abnehmen. Dabei rutschte er über den Rasen und fiel auf die Seite. Ilse sprang auf und rief: «Jonas! Hast du dir wehgetan? Omi reibt dich ein.»

Jonas knurrte wütend und schrie: «Halt die Klappe, Oma, und setz dich hin!» Ilse war entsetzt. «So hat der Junge noch nie mit mir gesprochen.» Sie war schon geknickt.

Jonas trabte weiter dem Ball nach und warf uns ab und an einen wütenden Blick zu. Ilse und ich freuten uns über jeden Blickkontakt und winkten ihm immer freudig zu.

Ich suchte in meiner Tasche nach einem Korn, es war doch ganz schön kühl. Aber es schien fast, als hätte ich am Vortag auf dem Friedhof den letzten Schluck genommen. Korn ist ja für vieles gut. «Wie lange geht denn das Spiel noch?», fragte Ilse wenig später in Richtung Kurt. «Halbzeit ist in 10 Minuten!» – «Ach, dann muss ich zum Auto ... Dem Jungen muss doch kalt sein. Ich habe Tee mit für die Pause», rief Ilse über den Platz, während sie zum Koyota lief.

Ilse war fast am Wagen angekommen, als Jonas wütend gegen den Ball trat und schrie: «Die Alte ist einfach nur peinlich.» Der Ball verfehlte Ilse knapp, plumpste auf den Koyota und sprang Ilse gegen den Bauch.

«Huuuuuch!», kreischte sie erschrocken auf. «Soll die Omi mitspielen?»

Der Schiedsrichter pfiff und kam auf unsere Bank zugelaufen. «Meine Damen», rief er, schon während er näher kam. «Meine Damen, das geht so nicht.» Ich setzte mein bezauberndstes Omalächeln auf, um zu retten, was zu retten war, aber Ilse vermasselte es.

«Das ist ein Fußballspiel ...» – «Ja, aber der Bub ist gefallen, und es ist kalt … ich wollte doch nur die Salbe und den Tee …»

Kurt schaltete sich ein. Er guckte den Schiedsrichter mit zugekniffenem Auge an und sagte: «Haben Sie nicht damals in dem Film mit Rühmann den Schaffner gespielt?»

«Bitte was?»

Jonas platzte dazwischen. «Opa, pack Oma und Frau Bergmann …»

«… aber du musst doch nicht Frau Bergmann sagen, ich bin doch Tante Renate!», entfuhr es mir.

«… pack Omi und Tante Bergmann ein und fahr nach Hause, BITTE!», flehte Jonas.

Kurt nickte dem Jungen zu. Worte brauchte es nicht.

Das Spiel endete unentschieden.

Jonas hatte kein Tor geschossen, aber er hat sich auch nicht erkältet. Die Hüfte ist auch ohne Einreiben gut verheilt.

Ilse hat dann noch ein paarmal bei dem Jungen angerufen und gefragt, wann mal wieder ein Heimspiel ist. Aber auf Jahre hinaus hatte die Mannschaft nur noch Auswärtsspiele.

Komisch.

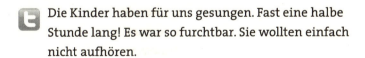
Die Kinder haben für uns gesungen. Fast eine halbe Stunde lang! Es war so furchtbar. Sie wollten einfach nicht aufhören.

Ich bin jetzt 82 und habe aufgehört, die Jahre zu zählen. Meinetwegen müsste gar nicht gefeiert werden, dieses Gedöns. Aber was wollense machen – es kommen ja doch alle zum Gratulieren. Deshalb musste ich meinen 80. Geburtstag groß feiern, schon der Leute wegen.

Wir waren dann in Inges Bootshaus und hatten eine schöne Kaffeetafel mit selbst gebackenem Kuchen und wunderbarem Buffet zum Abend. Später gab es Tanz, ein Mann mit einem Plattenspieler und großen schwarzen lauten Buchsen kam.

Mein Enkel ruft mir gerade zu, es hieße Boxen, nicht Buchsen. Herrje.

Wir waren an die 50 Personen. Sogar der Ortsbürgermeister und der Herr Pfarrer waren zum Gratulieren da. Das DRK hatte eine Karte geschickt – keine Blumen. Aber das muss man verstehen, ich hatte ja im Herbst zuvor erst die goldene Ehrennadel bekommen. Da konnte man zum Geburtstag nicht mit Blumen rechnen, die haben ja auch nur ein knappes Budget. Und alle Verwandten waren da – und ich sage Ihnen, wenn man vier Ehen hinter sich hat, kommt da einiges zusammen. Auch Thomas und Ulrike waren mit den Kindern gekommen, von hinter Hannover! Die kleine ... lassen Sie mich nachschauen. Ach, ich kann mir immer nicht merken, wie das Mäuschen heißt. Luisa. Luisa, und ihr Bruder heißt Martin. Die Luisa hat sogar in der Schule freibekommen an dem Tag, aber gut, was verpassen die schon groß. Die lernen doch nur Singen, Basteln und wie man sich die Schuhe bindet. Thomas ist der Enkel meines ersten Mannes Otto, und wir haben ein sehr nettes Verhältnis. Aber ich schwatze schon wieder, ich wollte von meinem Geburtstag erzählen.

Gertrud sagte: «Renate, 80 wird man nur einmal. Wir feiern rein!» Mir war das gar nicht recht. Wissen Sie, ich bin morgens immer zeitig raus. Ich habe mir noch nie gern die

Arzt als Begleitung. Ich hatte ein bisschen Angst, dass wir dann jeden Morgen Gymnastik machen müssten und ständig der Blutdruck gemessen wird. Wissense, ich war mal mit Ilse und Kurt zu einer Kur in der Tschechei. Ich hatte mich auf schöne Spaziergänge an frischer Luft gefreut und ein bisschen Aquagymnastik. Stattdessen wurde ich täglich gewogen, es gab Diätkost, und bei der Massage mit schwarzer Schlammpampe haben die mir den Badeanzug versaut. Im Fernsehen gab es nur tschechische Sender, also das war ein Reinfall. Deshalb hatte ich mehrfach im Reisebüro vorgesprochen. Ganz wichtig war mir auch, dass keine Kinder an Bord sind. Da kann ich auch zu Hause bleiben und mich über Jemie-Dieter ärgern, den Bengel von der Meiser. Der krakeelt auch immer laut durch den Flur.

Gertrud hat ja Probleme mit der Verdauung. Blähungen. Flatulenzen. Wenn Sie verstehen, was ich meine. Wir mussten eine Außenkabine buchen, obwohl die 800 Mark teurer kam. Aber das war unumgänglich.

Ach, jetzt habe ich Mark geschrieben. Ich rechne im Kopf immer noch um, das kriegense aus einer alten Frau nicht mehr raus.

Der Reisebuszubringer sollte uns in Berlin abholen und zur Ablegestelle nach Düsseldorf bringen. Ilse und Kurt fuhren mich zum Busbahnhof. Als wir um die Kurve bogen, sah ich Gertrud schon von weitem. Sie trug alle Farben des Regenbogens. Sogar Kurt, der eigentlich sehr schlecht sieht, rutschte ein «Ach du lieber Himmel» raus. «Gertrud. Du hast dich aber ... also ... du bist ja schon von Kopf bis Fuß auf Urlaub eingestellt, sozusagen», begrüßte ich meine Freundin.

Ein junger Mann kam hinter dem Bus vor, nickte freundlich und griff nach ihrem Koffer. Kaum hatte er sich umgedreht und zwei Schritte mit dem Koffer getan, hob Gertrud ihren Gehstock und hieb auf ihn ein. Dabei schimpfte sie und brüllte: «Haltet den Dieb!» Mir blieb vor Schreck der Mund offen stehen.

«Das ist doch der Busfahrer, er will den Koffer nur einladen! Du bekommst ihn doch zurück!» Gertrud hieb noch einmal nach und lenkte dann ein.

Der Busfahrer war nur leicht verletzt. Die Sitzbänke vor, hinter und neben uns blieben dennoch frei. Und dabei spielten Gertruds Flatulenzen nicht mal eine Rolle. Mir war das alles sehr unangenehm.

Wir erreichten Düsseldorf pünktlich, und es war noch reichlich Zeit bis zum Ablegen. Wir konnten bequem an Bord gehen und einschecken. So sagt man das, wenn man sich anmeldet in einem Hotel oder auf einem Dampfer. Einschecken.

Die Kabine war wunderschön, und es gab bestimmt zwei Dutzend gutaussehende, alleinreisende und wohlsituierte ältere Herren, die mit uns fuhren. Nach vier Ehen habe ich da ein Auge für. Gertrud hingegen kam schon am ersten Abend untergehakt am Arm des größten Trottels an Bord auf mich zu. Der Herr Alois kam aus Oberbayern, und wir saßen an seinem Tisch. So eine grobe Person, wenn auch immer gut gelaunt. Aber wie Kurt: immer mit dem Taschenmesser halb im Tisch. Wie im Wald! Als Herr Alois am Buffet war, schüttelte ich nur den Kopf. Gertrud jedoch winkte ab und fing an, sich die Bluse aufzuknöpfen. Bis runter, also, man konnte schon den Ansatz vom Büstenhalter sehen!

Als der Trottel vom Buffet zurück war, stierte er nur

noch auf Gertruds Argumente. (Argumente. So haben wir früher immer gesagt.) Ich glaube, sie wollte damit nur vom runzligen Gesicht ablenken. Nebenkriegsschauplatz, sage ich nur.

Schon am ersten Abend war ich über die Außenkabine froh. Gertrud hatte Blumenkohl, und zwar reichlich. Mehr muss ich wohl nicht sagen, oder? Ich versuchte, bei geöffnetem Bullaugenfenster zu schlafen. Die ganze Nacht schlugen Wellen an das Schiff. Bei dem Geplätscher musste ich zweimal raus. Es hat alles sein Für und Wider.

Um kurz nach fünf war ich frisiert und auf dem Weg in den Speisesaal. Auf Gertrud brauchte ich nicht zu warten, die schläft immer bis in die Puppen. Ich war die Erste, es war nicht eingedeckt, und Kellner waren auch nicht zu sehen. Ich klopfte an die Küchentür. Die Kaltmamsell öffnete zwar, sagte aber gleich, dass es Frühstück erst ab acht gibt.

Es wird wohl doch recht lange geschlafen auf so einem Schiff. Zum Glück hatte ich noch ein bisschen Zwieback und ein paar Kekse in der Handtasche. Wissense, als Diabetiker muss man immer einen Bissen dabeihaben, damit man nicht unterzuckert. Es kann ja immer mal was dazwischenkommen. Kurt geht das Benzin aus, und wir bleiben auf der Autobahn liegen. Da habe ich gerne einen Happen dabei.

Ansonsten kann man sich nicht beklagen, das Essen war gut. Meist gab es Buffet. Alle nur denkbaren Speisen, warm und kalt und immer reichlich. Es blieb immer viel übrig, was mir in der Seele wehtat. Wissense, wir haben den Krieg noch erlebt und wissen, was Hunger und Verzicht heißt. Ich ärgerte mich, dass ich keine Plastikdosen dabeihatte. Zum Glück legten wir jeden Tag zum Landgang an. Gertrud und ich haben Frischhaltedosen gekauft und an den Tagen darauf immer ein paar Scheiben mehr vom Aufschnitt geholt, das fiel gar nicht auf. In der Kabine hatten wir einen kleinen Kühlschrank, in dem wir die Wurst bis zum nächsten Landgang deponierten. Wir haben den Aufschnitt an Ilse und Kurt geschickt, die die Päckchen eingefrostet haben, bis wir wieder zu Hause waren. Salami und Schinken – Geräuchertes hält sich doch!

Irgendwann hieß es, heute gäbe es kein Buffet, sondern ein Sternekoch würde uns verwöhnen. Mir passte das gar nicht. An dem Abend hatte ich es auf die französische Salami abgesehen und extra die große Frischhaltedose aus dem Set eingesteckt. Die hatte ich fest für die kalten Platten zu meinem Geburtstag eingeplant.

Es gab drei Gänge in zwei Stunden. Nach jedem Essen wurde der Teller weggeholt, und wir bekamen den nächsten Gang auf einem frischen. So ein Aufwand! Die arme Frau, die das alles spülen musste. Zumal es wirklich nicht lohnte, die Portionen waren so klein, man hätte auch bequem alle drei Gänge auf einen Teller bekommen. Und die Beilage zum Hauptgang – nee. Da musste ich dann doch ein bisschen meckern.

Die Möhren hatten sicher keine Stunde gekocht. Ich bin dann direkt in die Küche. Sie wollten mich gleich hinauskomplimentieren, aber eine Renate Bergmann wimmelt man nicht so schnell ab. Ich fragte mich zum Sternekoch durch und erklärte ihm, dass ich Möhren mindestens eine Stunde kochen lasse, damit sie schön weich werden. Er erzählte mir was von Vitaminen und schonendem Garen. Wie Kirsten. Ob er auch mit Katzen tanzt? Ich wollte nicht streiten, das ist gar nicht meine Art. Ich erkläre den Leuten nur, warum ich recht habe.

Der Herr Sternekoch hat dann auch bald kapituliert: «Wenn Sie mal in Hamburg sind, seien Sie und Ihre Freundin bitte meine Gäste. Ich werde Sie nach Ihren Wünschen verwöhnen.» Er kritzelte etwas auf die Rückseite einer Visitenkarte, was ich beim besten Willen nicht lesen konnte. «Und nun sollten Sie das Dessert nicht verpassen, Frau Berg…» – «Bergmann!» – «Bergmann.»

Der Nachtisch war wunderbar. Mit Wunderkerzen, wie auf dem Traumschiff! Ach, das war schön. Es gab einen Klecks Zitronenspeise.

Später machten Gertrud und ich uns noch ein paar Brote aus meiner Buffetbeute vom Vortag.

Gertruds Verehrer wurden wir die ganze Reise über nicht mehr los. Sie ging nach dem Abendessen oft noch mit dem Seppel an die Bar und kam meist sehr spät in die Kabine.

Manche Abende kam sie erst nach um zehn. NACH UM ZEHN. Nee. Sie war schon immer ein wenig liederlich und macht sich keine Gedanken um ihren guten Ruf. Aber passiert ist nichts. Nicht mal an dem Abend, als sie ohne ihre Stützstrümpfe in die Kabine kam. Ich war ganz blass, weil ich dachte, sie … ich wage das nicht mal auszusprechen. Aber nein. Sie hatte die Strumpfhose auf der Toilette nicht wieder hochgerollt bekommen. Die Gicht in den Fingern machte ihr zu sehr zu schaffen. Wissense, das warme Wetter, und dann hatte sie auch beim Spargel wieder hemmungslos zugeschlagen. Sie lernt aber auch nicht dazu.

Nach 10 Tagen waren wir wieder in Düsseldorf und fuhren mit dem Bus zurück nach Berlin. Es ging alles gut.

Gleich am nächsten Morgen ging ich zu Ilse und Kurt. Vom Aufschnitt essen wir heute noch.

Dafür hatten wir früher keine *Zeit*.

> Ach, das ist so ärgerlich. Heute wäre eine tolle Beerdigung mit Leichenschmaus im Kempinski, und mein schwarzes Kostüm ist in der Reinigung.

Ich habe vier Ehemänner begraben und weiß, wie eine Beerdigung abläuft. Man ist traurig, aufgewühlt und will es endlich hinter sich bringen. Man will, dass der Verstorbene würdevoll unter die Erde kommt, seinen Frieden findet und ihn alle in guter Erinnerung behalten.

Als Witwe sitzen Sie dann während der Beerdigung da und grübeln: Woher hat Waltraud Eichler bloß diese hässliche Bluse? Wer riecht hier so streng nach Tosca? Wer sind eigentlich die Leute hinten rechts? Wird das Essen reichen? Ob die Versicherung dumme Fragen stellt?

Ich habe das alles viermal durch, und glauben Sie mir, im Grunde ist der Tod immer gleich. Der Pfarrer spricht, der Sarg wird in die Erde gelassen, eine Handvoll Erde, eine Handvoll Blumen, ein Vaterunser, und dann geht es zum Leichenschmaus.

Das letzte Mal hatte ich das Buffet von Käfer. Ich kann das nur empfehlen. Man zahlt etwas mehr, aber dafür bekommt man auch was Feines. Als Walter damals ins Krankenhaus kam und die Ärzte sagten, dass es nicht gut aussieht, habe ich gleich bei Käfer angerufen und gefragt, ob sie mir ein Angebot machen können. Als er dann zwei Wochen später eingeschlafen ist, konnte sich der Mann noch an mich erinnern, ich habe den Aktionspreis bekommen und über 12 € gespart! Das sind 25 Mark, 50 Ostmark. Denken Sie nur!

Weil ich für Beerdigungen ein Händchen habe, haben meine Freundin Gertrud und ich ein schönes Hobby: Mindestens einmal im Monat gehen wir auf eine, auf der wir eigentlich niemanden kennen.

Da brauchen Sie gar nicht so entrüstet gucken, jeder hat sein Hobby. So kommt man unter Menschen, lernt neue Freunde kennen, und ganz nebenbei kann man auch wirklich gut umsonst essen.

Wissense, man fällt als alte Dame dort nicht auf. Zwei Omas mehr oder weniger, da guckt keiner so genau hin.

Ich habe die Morgenpost abonniert, man muss schließlich wissen, was los ist. Wenn man ein bisschen Übung hat, sieht man schon an der Anzeige, ob es sich lohnt, zur Beerdigung zu gehen. Gertrud und ich haben da ein Gespür entwickelt. Wenn unter den Familienangehörigen Doktoren oder Ingenieure sind oder der Verstorbene im Grunewald gewohnt hat, ist das gut. Die lassen sich nicht lumpen und bringen den Verblichenen meist mit großem Programm unter die Erde. Wenn wir etwas Passendes gefunden haben, wird das schwarze Kostüm aufgebügelt, und es geht los.

Die erste Woche im Monat ist immer schlecht, da haben wir Rommé und Friseur. Aber ab der zweiten Woche gucken wir, dass wir es einrichten können. In unserem Alter muss man die Todesanzeigen schon lesen. Sonst kommen Sie zur Aquagymnastik und erfahren erst da, dass wieder ein Platz im Kurs frei geworden ist.

Wenn in der Anzeige die Postleitzahl von Marzahn oder Kreuzberg steht, können Sie gleich weiterblättern. Das lohnt sich nicht. Gertrud hat am Anfang mal nicht aufgepasst, und dann saßen wir da in einer Dönerbude zwischen den Plattenbauten. Nee, sage ich Ihnen, nee. Das war unwürdig. Seitdem haben wir immer ein Postleitzahlenbüchlein zur Hand, wenn es um unsere Beerdigung geht.

Man muss auch auf den Namen des Verstorbenen schauen. Einmal sind wir in die Trauerfeier für eine russische Babuschka geraten. Die Veranstaltung auf dem Friedhof war an sich sehr festlich und würdevoll. Aber hinterher ... es wird da einfach deftiger gegessen und viel mehr getrunken, als wir es gewohnt sind. Wodka aus Wassergläsern. Gertrud hat beim zweiten Mal Anstoßen einen Toast auf die deutsch-sowjetische Freundschaft ausgebracht und auf dem Teller den Kreml aus Pelmeni nachgebaut. Ich konnte sie gerade noch abhalten, Kasatschak zu tanzen. Als ich merkte, dass der Wodka ihr zu Kopf steigt und sie wild wird, habe ich sie untergehakt, und wir sind nach Hause gefahren. Dass sie in der S-Bahn eine Frau angepöbelt hat, die ihr Kind stillen wollte ... nun, das gehört nicht hierher. Das erzähle ich Ihnen ein anderes Mal.

Wir halten uns meist in den hinteren Reihen und singen unauffällig mit. Da ist mal was schiefgelaufen gleich am Anfang. Gertrud und ich waren ein bisschen nervös und hatten uns einen kleinen Korn genehmigt vor Beginn der Trauerfeier. Der Pfarrer sagte: «Wir singen die ersten beiden Strophen aus dem und dem Lied...», und er schaltete einen DC-Spieler an. Gertrud ist den Korn nicht so gewohnt wie ich und war kaum zu bremsen, als es an Strophe drei und vier ging. Auch eine Renate Bergmann wird da mal rot.

Wir gehen auch nicht mit ans Grab, sondern sehen nach der Trauerfeier gleich zu, dass wir zügig zur Gaststätte kommen. Einmal ist es uns schon passiert, dass der Kellner uns wiedererkannt hat. Das war sehr peinlich. Er hätte aber bestimmt nichts gesagt, wären wir nicht mit unseren Tupperdosen an die kalten Platten gegangen, noch bevor die Witwe das Buffet eröffnet hat.

Es ist auch schon vorgekommen, dass uns jemand von der Verwandtschaft angesprochen hat. Meist kennen sie den Verstorbenen ja selbst kaum; Sie wissen ja, wie das heutzutage ist. Die Kinder wohnen weit weg, und man sieht sich nur an Weihnachten oder wenn Geburtstag ist. Gertrud und ich murmeln in diesem Fall immer etwas von Schulfreunden, Kegeltruppe oder früheren Arbeitskollegen. So genau fragt kein Mensch nach, und meist erzählt der Pfarrer in seiner Predigt genug über den Verstorbenen, dass man gut mitreden kann.

Es sind schon schöne Freundschaften entstanden auf diesen Beerdigungen. Mit dem Witwer von der Frau Besenschaf gehen Gertrud und ich jetzt einmal im Monat zum Seniorenturnen.

Dass wir mit seiner Mechthild gar nicht bei der Reichsbahn Fahrkarten verkauft haben, also das stört nun wirklich niemanden.

Nächsten Dienstag geben wir Herrn Hase das letzte Geleit, der Leichenschmaus ist im Kempinski. Die machen die beste rote Grütze von ganz Berlin!

Auf dem Nutellaglas steht «75 Gramm gratis».
Glauben Sie das bloß nicht! Sie können sich gar nicht vorstellen, was die im Edeka für ein Theater machen, wenn man das ablöffelt.

Man denkt gar nicht, was man als alleinstehende Seniorin alles an Einkäufen zu erledigen hat. Da kommt einiges zusammen. Und ein paar Eigenheiten habe ich beim Einkaufen schon.

Meine Flaschen zum Beispiel trage ich nur gespült zurück. Auch wenn nur Sprudel drin war. Wissense, das süße Zeug wie Brause oder diese Ami-Cola, das trinke ich gar nicht. Ich kaufe nur Sprudel und spüle die Flaschen trotzdem. Ordnung muss sein.

Bei mir werden auch die Joghurtbecher ausgewaschen, bevor sie in die … gelbe? … ja, in die gelbe Tonne kommen. Alles andere ist einfach liederlich. Und es fällt ja negativ auf einen zurück; irgendwann kontrolliert mal jemand, ob der Müll auch richtig getrennt ist, und dann heißt es: «Die Frau Bergmann, die hat schmuddeligen Müll.»

So etwas gibt es bei mir nicht.

Also die Pfandflaschen werden immer gespült zurückgegeben. Ach, da fällt mir ein, ich glaube, das habe ich Ihnen noch nicht erzählt … wissense, wie Kurt, Ilse und ich uns unsere Reisekasse für Tagesbusfahrten mal aufgefüllt haben? Kurt hatte den Einfall, und es klappt ganz prima:

Er hat Angelschnur an eine Pfandflasche gebunden. Wir haben einen Markt ein paar Straßen weiter, da ist der Pfandautomat in einem kleinen Extraraum. Ilse und ich standen Schmiere. Währenddessen hat Kurt die Flasche an der Angelsehne in den Automaten geschoben und zog sie immer wieder raus. Pro halbe Stunde schaffen wir an die 90 Euro, wenn wir nicht gestört werden.

Meist fahren wir am Freitag einkaufen, am liebsten nach 16 Uhr. Dann ist meine Serie vorbei, und man trifft auch ein paar Bekannte in der Kaufhalle. Die Beiers, den Herrn Radelkanz oder die alte Frau Göbert. Ach, das ist nett, wenn man mal einen Plausch halten kann. Vor ein paar Jahren hat Ilse uns aus einem alten Sofakissen Schonauflagen für die Einkaufswagen genäht. So kann man sich im Gespräch bequem aufstützen, und es drückt nicht gleich an den Unterarmen.

Wenn Stefan es endlich mal schafft, mir das mit diesem eBay auf dem Händi zu zeigen, dann wollen wir diese Schonauflagen vielleicht im Internetz verkaufen. Aber man hat ja auch so genug zu tun!

Ich habe den Haushalt, die Katze, meine Handarbeit; dann helfe ich beim Roten Kreuz, gehe zum Seniorenturnen, zur Wassergymnastik, bin im Seniorenverein, ach, und dann sind da Gertrud, Ilse und Kurt, die Familie ... nee. Langweilig ist es bei mir nie. Ich bin wirklich viel und oft unterwegs. Eigentlich sagt Frau Dr. Bürgel immer, ich soll mittags eine Stunde ruhen. Verraten Sie es ihr bitte nicht, aber meist komme ich gar nicht dazu.

Aber was wollte ich ... herrje. Sie kennen mich ja nun schon ein bisschen und sind mir doch wohl nicht böse, wenn ich ein bisschen abschweife? Ich wollte eigentlich vom Einkaufen erzählen.

Das Obst und das Fleisch kaufe ich ja täglich frisch, aber meinen Korn holen wir mit dem Auto. Mit Ilse und Kurt kann man wenigstens gemütlich einkaufen. Ich war vor Ostern mit Kirsten im Kaufland, also das war mir zu hektisch. Ständig hieß es: «Nein, Mama, lass das, Mama, das brauchst du doch gar nicht, Mama.» Furchtbar. Außerdem passt in den Koyota auch viel mehr rein als in Kirstens Porsche.

Wir nehmen immer zwei Wagen und fahren langsam nebeneinanderher. Wir haben ja Zeit, das Wochenende steht schließlich vor der Tür.

Damals, als der jungsche Schnösel zu Ilse sagte: «Muttchen, haben wir es bald? Machen Sie mal Platz, sonst setze ich Sie in die Kühltruhe!», na, da hätten Sie mich aber sehen sollen!

So was lasse ich mir nicht gefallen. Sie hätten gestaunt, wie schnell ich flitzen konnte, um vor ihm an der Kasse zu sein. Ich habe meine Waren auf das Band gelegt und zwischen meinem Einkauf und den Sachen für Frau Höselter einen Warentrenner gelegt.

Wussten Sie, dass diese Stöckchen auf dem Kassenband so heißen? Ich habe neulich fast eine halbe Stunde mit Gertrud überlegt, wir sind nicht drauf gekommen. Und dann steht man bei der Post in der Warteschlange, und auf einmal fällt es einem ein. In einem ganz anderen Zusammenhang. Das Alter ... man wird immer verrückter.

Frau Höselter kommt ja nicht mehr groß raus mit ihrem Rollstuhl. Da bringe ich ihr oft ein paar Kleinigkeiten mit. Das zahle ich natürlich extra, damit wir alles korrekt abrechnen können mit einem Extrabon. So viel Zeit muss sein!

Ich hatte vergessen, das Obst zu wiegen, aber wenn eine Fachverkäuferin etwas auf sich hält, macht ihr das gar keine Mühe.

Meist zahle ich auch passend. Ich finde, die Höflichkeit gebietet es, dass man wenigstens schaut, ob man es passend hat. Es würde mir keine Ruhe lassen, wenn ich, wie andere Leute, einfach einen Schein gebe und nicht mal nachschaue, ob ich es nicht auch klein habe. Viele alte Leute halten ja einfach ihre Börse hin und lassen die Verkäuferin das Kleingeld raussuchen. Das mache ich nicht. Wenn Frau Duckert Schicht hat, ja. Die kenne ich schon seit Jahrzehnten, der vertraue ich. Aber wenn da so ein Fräulein sitzt, kaum 20, die Haare bunt und so lange Nägel ... nee. Die lasse ich nicht an mein Geld! Und so lange dauert es nun auch nicht. Die fünf Minuten.

Ich freue mich schon darauf, wenn die Rente mit 67 kommt und an der Kasse eine gemütliche Omi sitzt. Das ist dann nicht so hektisch. «Na, Frau Bergmann, haben wir es wieder passend?»

So stelle ich mir das vor!

Einmal habe ich Kurt sogar zum Auto geschickt. Mir fehlten genau 50 Cent zu der Summe, die ich schuldig war, und ich hatte im Auto unter dem Sitz einen Fünfziger gesehen. Kurt trottete los, und die Kassiererin trommelte derweil mit ihren bunten Plastikkrallen auf dem Kassenband rum. Hinter uns staute es sich bis zu den Kühltruhen zurück. Aber wenn man so einen Zwanzigeuroschein erst einmal angebrochen hat, ist er auch gleich weg ... seit dem Euro rinnt einem das Geld ja nur so durch die Finger, und man hat nichts im Korb.

Kurt war nach ein paar Minuten auch wieder da. Er hatte den Fünfziger nicht gefunden. Ich überlegte kurz, ob ich mit Karte bezahlen sollte, war mir aber wieder nicht sicher, wie die TIM-Nummer ist. Ich bringe das immer durcheinander, und man darf es ja nicht aufschreiben! Schrecklich.

Ilse studiert gerne die Werbeprospekte. Die sind ja oft schon für zwei Wochen im Voraus, da kann man schon mal durcheinanderkommen. Wenn man dann beim Kassieren nach bestimmten Artikeln fragt, gibt es auch oft Ärger.

Obst wiege ich, wie gesagt, nicht selber, das sehe ich gar nicht ein. Wissense, ich habe nach 45 Steine geklopft und geholfen, dieses Land wiederaufzubauen. Und jetzt soll ich an dieser Computerwaage rätseln, was die Knöpfe wohl sind? Eine Tomate, ein Apfel oder ein Kürbis? Bananen sind immer auf der Eins, das sieht man daran, dass der Knopf ganz abgewetzt ist. Und zwar nicht nur im Osten. Aber sonst lassense einen ganz schön im Nebel stehen.

Am schlimmsten ist es bei REAL. Ich stand da mit meinen Äpfeln, sie waren rot und rund und glänzten schön. Ich legte sie auf die Waage, und das Ding zeigte zwei Felder: «OBST» und «GEMÜSE».

Obst.

So schlau bin ich noch.

Ich drückte auf «Obst».

Dann gingen wieder Bilder auf, «KERNOBST», «STEINOBST» oder was weiß ich noch alles. Ich bin eine einfache Rentnerin, ich habe nicht Biologie studiert. Ich habe einfach «Porree» gedrückt, das war billig und ging am schnellsten. Und mal ehrlich, wenn die Kassiererin das nicht merkt, dass das kein Porree ist, dann hat sie es nicht besser verdient. Wenn sie mich erwischen, tue ich überrascht und sage: «Ach du liebe Zeit, ich habe die falsche Brille mit; entschuldigense, Frollein.» Man darf es jedoch nicht übertreiben. Merken Sie sich das.

Zum EDEKA dürfen wir nämlich nicht mehr, da haben wir Hausverbot.

Ilse kam als Erste darauf. Sie hatte das Werbeprospekt studiert. Bei mir fliegt das ja immer gleich in die blaue Tonne. Nee, in die gelbe. Ach. Oder? Wissense, das ist auch so ein Thema. Ich will jetzt hier nichts Falsches sagen, nennen wir es einfach Papiermüll.

Ilse hatte also das Werbeprospekt gelesen und sagte, Nutella wäre gratis. Jedenfalls 75 Gramm.

«Renate, hier steht es: 75 Gramm gratis.»

Ilse zeigte triumphierend auf das Prospekt.

«Das ist eine Sondergröße. Du bezahlst so viel wie immer, aber es sind 75 Gramm mehr im Glas.»

«Hier steht: 75 Gramm gratis.» Ilse faltete das Prospekt zusammen und schob die Brille mit Daumen und Zeigefinger hoch.

Ich setzte an, sie vom Thema abzulenken: «Was willst du denn mit Nutella, du hast deine Mehrfruchtmarmelade, und Kurt isst nur Hausschlachtewurst!»

«Aber Jonas mag Nutella», sagte Ilse trotzig.

«Ilse, wir probieren das. Steck einen Löffel und eine Tupperdose ein, wir holen uns die Gratisgramm!»

Ich will Sie nicht langweilen, und ich möchte das auch nicht im Einzelnen wiedergeben. Schön war es jedenfalls nicht. Nur so viel:

Wir kamen nicht weit. Nachdem wir das dritte Glas aufgeschraubt hatten und Ilse sich gerade das Nutella vom Daumen leckte, kam schon die erste Verkäuferin. Ich habe immerhin den Marktleiter kennengelernt. Sie können sich nicht vorstellen, was der für ein Theater gemacht hat. Nie wieder blicken lassen sollen wir uns dort. Seitdem muss Kurt mit uns zu REWE fahren.

Mit Kurt ist das so eine Sache beim Einkaufen. Manchmal kommt er mit rein, oft wartet er auch draußen im Auto. Vor den meisten Kaufhallen gibt es ja einen extra Bereich, wo rauchende Herren stehen und auf ihre Frauen warten. Dort, wo auch die Hunde angebunden sind. Besonders im Winter tun mir die Männer immer leid. Gott sei Dank sind meine alle tot. Sie stehen da in der Kälte, oft über Stunden hinweg. Kurt macht die Kälte aber nichts, er sagt, seine Zehen sind nicht abgefroren, als er vor Stalingrad stand, da wird er auch noch den deutschen Winter vor REWE überstehen.

Am aufregendsten sind immer die Einkäufe vor Feiertagen. Weihnachten, Ostern, Pfingsten oder wenn ein Brückentag ist. Herrje, da kommt die Familie, man kocht und backt etwas aufwendiger – da sind wir manchmal den ganzen Tag unterwegs. Ilse macht immer eine Liste, sucht in ihren Prospekten die günstigsten Angebote zusammen und schreibt alles auf kleine Zettel. Für jeden Markt einen gesonderten. Meist hat sie dann den richtigen vergessen, sodass es auch schon mal vorkam, dass wir mehrfach in den gleichen Markt gefahren sind. Bis man alles zusammenhat, ist der Tag um.

Ich finde aber nicht, dass Ältere anders und öfter einkaufen.

Wirklich nicht.

> Herr Hagekorn sagt, meine Augen funkeln wie Sterne. Dabei habe ich grünen Star, und meine Augen sind trüb. Man darf Männern kein Wort glauben!

Jetzt frage ich mal die Damen unter Ihnen: Worauf achten Sie bei einem Mann als Erstes? Die meisten sagen ja, auf die Hände oder die Augen. Die Jüngeren gucken ja auf den Po. Es sind andere Zeiten heutzutage.

Ich finde, man sieht am Lächeln eines Mannes, ob Geld dahintersteckt oder nicht. Glaubense nicht? Vertrauen Sie mir, wenn man älter wird, entwickeln Sie dafür einen Blick. Ich sehe ohne Brille, ob es Zahnersatz aus Osteuropa oder solide Handwerksarbeit ist. Bei Herrn Hagekorn zum Beispiel. Ein sehr charmanter Herr mit guten Manieren. Gediegen gekleidet, mit Hemd, Krawatte und Tweedjackett. Er lächelte mich an der Bushaltestelle an, und ohne dass er etwas gesagt hätte, wusste ich: Da ist Geld.

Beim Einsteigen griff er meine Hand, deutete einen Handkuss an und stellte sich vor: «Hagekorn. Herrmann Hagekorn, Apotheker im Ruhestand.» Er machte eine leichte Verbeugung und lächelte noch mal. Ich war so froh, dass ich doch zum Friseur gegangen war am Tag zuvor. Gertrud sagte erst, es wäre nicht nötig, aber ich gehe doch nicht unfrisiert auf eine Busfahrt! Ebenso froh war ich, dass ich zeitig am Morgen im Salon war. Wenn man nämlich später kommt, setzen sie einen unter die kaputte Haube. Die brummt so laut, da versteht man gar nicht, was im Laden gesprochen wird. Das ist sehr ärgerlich. Man will ja auch was Neues erfahren, das gebe ich ganz offen zu. Die Zeitungen in der «Adretten Linie» kenne ich schon auswendig. Die kaufen niemals neue. Früher hat Frau Bachmann immer die ausgelesenen Hefte von zu Hause mitgebracht, aber seit sie vor 15 Jahren in Rente gegangen ist, liegen die alten Dinger da. Als ich vor ein paar Wochen unter der brummenden Haube saß, blätterte ich in einer «Goldenen Woche» rum. Ich erschrak, als über eine Ehekrise von Prinz Charles berichtet wurde, aber nach einem Moment stellte ich fest, dass es gar nicht um Camilla ging, sondern um Diana. Das Heft war von 1992.

Ich kenne Ursula schon an die 40 Jahre, keine hat mein Haar so gut im Griff wie sie. Ursula hat noch drei Jahre, bis sie in Rente geht. Das sieht man ihr aber nicht an. Sie pflegt sich nur mit den besten Produkten und duftet immer fein, ach, eine richtige Dame ist die Ursula. Meine Ilse geht ja seit

65 Jahren jeden Sonnabend um neun zum «Salon Bammert» und lässt waschen und legen. Ihr Haar ist dort nun schon in der dritten Generation guter Hände. Erst war sie lange Jahre beim alten Meister Bammert, dann bei seiner Tochter Elvira. Elvira ist vor ein paar Jahren mit einem Artisten vom Zirkus durchgebrannt, der sie bei einer Vorstellung auf die Bühne geholt und zersägt hat. Sie hat Mann, Familie und ihre Kunden einfach sitzenlassen und hat nach ein paar Wochen eine Postkarte aus dem Bergischen Land geschickt. Sie wird jetzt jeden Abend zersägt und frisiert außerdem die Artistinnen, das schielende Schaf und die Ponys. Was soll man sagen ...? Ilse war fix und fertig, aber Elviras Tochter Peggy hat sie in ihren Kundenstamm übernommen. Sie war heilfroh, dass sie in ihrem Alter nicht den Friseur wechseln musste. Spätestens wenn Ursula in drei Jahren in den Ruhestand geht, werde ich wohl auch zu Peggy Bammert gehen. So lange halte ich aber meiner Ursula die Treue – wissense, sie hat ja auch ihre guten Seiten. Eigentlich nur. Ursula würde mir nie eine Blauspülung machen wie das Lehrmädel damals. Wie ein lila Drache sah ich aus! Im Bus wurde getuschelt, und ein älterer Herr kam auf mich zu und sagte: «Na, Margot, wie haste dich denn eingelebt im neuen System?» Er wollte Arbeiterlieder mit mir singen, und ich war froh, dass ich aussteigen konnte nach zwei Stationen. «Friseur ist Vertrauenssache», sage ich immer. Die eine Sorte Frauen rennt alle paar Wochen zu einem anderen Salon und ist nie zufrieden, die andere Sorte hat seinen Friseur des Vertrauens gefunden und bleibt ihm treu.

Gertrud geht zu Annemarie Mewert gleich bei sich um die Ecke. Annemarie hat einen schwarzen Damenbart und frisiert auch außer Haus. Montags, an ihrem Ruhetag, fährt sie immer ins Frauengefängnis nach Pankow und macht den einsitzenden Damen die Haare. Sie versorgt die schweren Mädels mit Zigaretten und bekommt dafür Goldketten und solchen Kram, den die von ihren Einbrüchen ... ich will das gar nicht so genau wissen. Gertrud hat da Geschichten erzählt! Damit will ich nichts zu tun haben. Die Frau Mewert betreibt nebenher in ihrem Salon ... na, egal. Gertrud hat jedenfalls alle paar Wochen einen neuen Klunker für kleines Geld an der Hand oder um den Hals. Alles ohne Rechnung.

Ja, der Umgang formt den Menschen, sage ich immer. Bestimmt kommt von Annemarie Mewerts Knastbesuchen auch ihr fester Griff beim Schamponieren.

Alle acht Wochen lasse ich Dauerwelle machen und schneiden. Hinter den Ohren immer schön frei, ich will schließlich was hören, nich? Sonst geht es mir noch wie Gretel Assmus, die hört so schwer, dass man sie anbrüllen muss. Aber als Ilse mir bei Hildchen Prokopps Geburtstag am Nebentisch zugeflüstert hat, dass Gretels Enkeltochter was Kleines erwartet, da brüllte sie: «Das sollte aber noch nicht die Runde machen, Ilse, das war vertraulich!» Seitdem bin ich misstrauisch und glaube, ihre Schwerhörigkeit ist zuschaltbar.

Dauerwelle machen wir immer vor dem Schneiden, dann sitzt die Frisur besser. Außerdem halten die Wickel in kurzem Haar nicht so gut. Wegen der Lockenflüssigkeit muss ich die Brille absetzen, wissense, das ist sehr aggressive Chemie, die sonst den Bügel angreift. Man muss ein bisschen auf seine Sachen achten, es war ja alles teuer.

Bevor die Trockenhaube über den Kopf kommt, wickelt Ursula immer ein bisschen Watte um die Bügel der Brille, damit ich wenigstens Zeitung lesen kann. Wobei ich mitt-

Nächte um die Ohren geschlagen. Wenn mal eine schöne Musiksendung im Fernsehen läuft oder ein Revuefilm, ja, dann gucke ich auch mal bis zehn. Silvester natürlich auch, aber in der Regel bin ich zeitig verschwunden. Aber Gertrud war da sehr entschieden, und ich habe es ihr nicht abschlagen wollen. Gertrud kam dann gegen 19 Uhr und hatte eine Flasche Sekt dabei. «Zum Anstoßen um Mitternacht, Renate!», sagte sie und kicherte vorfreudig. Herrje, ich hatte doch auch 2 Fläschchen Pikkolo in den Kühlschrank gestellt! Korn habe ich auch immer da, und mein selbst gemachter Eierlikör ist legendär. Ich mache den immer mit Primasprit, müssen Sie wissen. Da muss man genau auf das Rezept achten, sonst wird er zu stark.

Wir machten gleich eine Flasche auf. Gertrud kann das, da staunen Sie. Ich habe immer Angst, das explodiert und man verletzt sich oder man hat den Schaum dann überall. Das sollen mal die Männer machen. Oder eben Gertrud.

Wir stießen an. Der Sekt machte uns ganz beschwingt, und so sangen wir Lieder aus unserer Jugend und stritten uns, ob es wohl «Kufsteinlied» oder «Hufsteinlied» hieß.

Aber für eine Renate Bergmann wurde es ab neun doch Zeit; das Gespräch schleppte sich, und ich wollte ins Bett. Gertrud sagte auch nicht viel. Wissen Sie, wenn man sich so lange kennt und mehrfach pro Woche sieht – was soll man sich da immer erzählen? Aus dem Augenwinkel sah ich, dass sie eingenickt war. Die Brille hing tief auf der Nase. Ich stieß sie vorsichtig an. Sie schreckte hoch, und ihr entfuhr ein «Oh, ist es schon ... Renate! Lass dich ...». Sie rückte die Brille hoch und setzte an: «Zum Geburtstag viel Glück, zum Geburtstag ...»

«Gertrud! Es ist noch nicht mal zehn!», lachte ich.

In der kommenden Zeit schlief mal Gertrud kurz ein, mal ich. Irgendwann zog es an den Füßen, und der Nacken war ganz verspannt. Ich schreckte hoch und wusste nicht, wo ich bin, so benebelt war ich im ersten Moment. Im Fernseher räkelten sich nackte Frauen und sagten Telefonnummern auf. Man sollte anrufen, weil reife Frauen aus der Umgebung Gesellschaft suchten. Machen Sie das bloß nicht, ich habe es versucht. Ich habe gefragt, ob die Damen mitgehen wollten zum Kegeln. Sie wollten nicht, und es kostete 14 Euro.

Es war 3.20 Uhr. Mein Achtzigster! Kinder, nee.

«Gertrud!», rief ich erschrocken.

Gertrud zuckte kurz, schüttelte sich und fing an zu singen «Zum Geburtstag viel Glück, zum Geburtstag viel Glück …» – «Gertrud, du liebe Zeit, wir haben Mitternacht komplett verschlafen. Lass uns zu Bett gehen.»

Ich zog mir das Nachthemd an und streifte das Haarnetz über. Auch Gertrud machte sich bettfein. Wir hatten das Sofa für sie hergerichtet und gingen schlafen. Sonst bin ich ja morgens um fünf raus, das wissense. Aber die Aufregung, die halbe Nacht auf dem Sessel, der Sekt – alles war durcheinander. Im Halbschlaf hörte ich, wie die Türklingel schellte.

Acht Uhr. Lieber Himmel!

Ich schlüpfte schnell in meinen Morgenmantel und in die Hausschuhe und ging in den Flur. Es klingelte wieder.

Gertrud kam mir aus dem Wohnzimmer entgegen, ohne Brille und Zähne. Zwei alte Weiber ohne Brillen, Zähne und Büstenhalter. Im Nachthemd und unfrisiert. Wie in der Geisterbahn auf dem Rummelmarkt.

Es klingelte ein drittes Mal, und hinter der Tür schrie jemand: «Guten Morgen, liebes Geburtstagskind, hier sind die Gratulanten!»

Einer der Jungen, ich hatte ihn in der Nachbarschaft schon häufiger getroffen, hatte einen ganz verschmierten Mund. Ich kann so etwas ja gar nicht mit ansehen. Einfach liederlich, auch bei einem Kind. «Komm mal zu Tante Bergmann», sagte ich. Ich spuckte in mein Taschentuch und wischte dem kleinen Jemie-Dieter damit über das Gesicht. Er verzog den Mund und wand sich. Da sind Kinder doch alle gleich. Aber schließlich ist noch niemand daran gestorben, dass ihm mit dem Taschentuch und Tante Bergmanns Spucke das Gesicht sauber gemacht worden ist.

Gertrud winkte mit einer bunten Tüte aus der Küchentür. Sie hatte offenbar vergessene Gummibären gefunden. Ich war erleichtert, nahm allen Mut zusammen, klatschte laut in die Hände und rief: «Kinder, das habt ihr aber fein gemacht! So schön hat noch nie jemand für mich gesungen. Da freut sich Tante Bergmann ganz doll. Danke schön. Nun lasst uns doch mal schauen, ob wir nicht was Süßes ... Frau Schlode, für Sie einen Likör? Gertrud, lass doch die Kinder mal reingreifen.»

Gertrud reichte die Tüte herum und lächelte. «Jeder nur ein Stückchen, sonst verderbt ihr euch den Appetit», belehrte sie die Kleinen. Gut so.

«Nein, Frau Bergmann, keinen Likör. Aber...» – «Und bitte, notieren Sie sich das: Renate Bergmann – kein Geburtstagssingen, auch nicht, wenn es ein Runder ist!», stellte ich noch mal unmissverständlich klar.

«... aber Jason-Jerik, auch wenn dir der Bonbon nicht schmeckt, man spuckt den doch nicht aus! Es wird Zeit, dass wir gehen», setzte Frau Schlode fort. Ganz genau.

Wir winkten zum Abschied.

Wo hatte Gertrud bloß die Gummibärchen her? In der

Ach du liebes bisschen. Das klang wie Frau Schlode, die Kindergärtnerin. Hatte ich die nicht abbestellt? Oder war das zum 75.? Sie müssen wissen, unser Kindergarten kommt ab 65 alle 5 Jahre zum Geburtstagssingen. Ab 75 dann jedes Jahr.

«Auf in den Kampf, Renate!», dachte ich, nickte Gertrud zu und öffnete mit einem Ruck die Wohnungstür. Vor uns stand wohl ein gutes Dutzend Kinder und schrie uns etwas zu. Wohl ein Lied. Wissense, wie viele Strophen «Weil heute dein Geburtstag ist» hat? Es nahm kein Ende. Als das Lied fertig war, schubste Frau Schlode eines der Mädchen – es war schon etwas älter und hatte eine Zahnlücke – nach vorn. Es hieß Jasmin und sagte ein Gedicht auf:

«Lieh-be Frau Berg-mann, zu Ihrem Ju-bel-fes-tä wün-schen wir Ih-nen das All-er-bes-te.»

Jasmin machte einen Schritt zurück, wurde ein bisschen rot und Frau Schlode flüsterte den Beginn des nächsten Liedes. Bevor sie ansetzen konnte, schritt ich ein:

«Nein, nein, nein, Frau Schlode, ich hatte das Singen doch abbestellt! Bitte hören Sie auf. Ich bin darauf gar nicht eingerichtet und habe auch gar nichts für die Kinder da ...»

«Die Kinder singen doch gern für Sie, Frau Bergmann. Nicht wahr, Kinder?», flötete Frau Schlode.

Schweigen.

«NICHT WAHR, KINDER?»

«Ja», murmelte es tröpfelnd aus vereinzelten Kinderkehlen.

Ich stieß Gertrud in die Seite, damit sie in der Küche nach Süßigkeiten schaut. Ich habe Diabetes, eigentlich habe ich so etwas nicht im Haus.

Schublade neben den Messern habe ich normalerweise doch ...

das Katzenfutt...

Ich griff nach der Gummibärchentüte in Gertruds Hand. «Kitekat junior. Mit leckerem Huhn und gesundem Getreide.»

Wir haben dann kurz überlegt, ob wir im Kindergarten Bescheid sagen müssen. Aber was für Katzen gut ist, kann Kindern nicht schaden. Auf der Zutatenliste standen auch nur gesunde Sachen. Wir ließen es auf sich beruhen, und bis zum heutigen Tag habe ich niemandem die Geschichte erzählt.

So begann mein 80. Geburtstag, und es wurde ein schönes Fest.

> Heute kocht ein Sternekoch an Bord. Drei Erbsen und zwei Scheibchen Schinken. Wie damals, als wir essen auf Lebensmittelkarten bekamen.

Jetzt habe ich meine Freundin Gertrud schon einige Male erwähnt, sie aber nie richtig vorgestellt. Es wird wohl Zeit dafür.

Herrje. Ich muss immer seufzen, wenn ich an sie denke. Immerhin muss ich damit rechnen, dass sie das hier liest, und man will schließlich keinen Ärger.

Wir kennen uns schon seit der Kindheit. Meine Mutter hat immer gesagt: «Kind, das ist kein Umgang für uns. Halte dich fern.» Aber wie das so ist: Einer nach dem anderen geht, und am Ende waren wir als Letzte von unserem Jahrgang übrig. Manche sind im Krieg geblieben, viele weggezogen, und wenn man über 80 ist, nun ja, dann erledigt Mutter Natur irgendwann den Rest. Und meine Mutter, Frau Strelemann, kriegt unseren Umgang ja nicht mehr mit.

Gertrud war irgendwie immer da. Man trifft sich alle paar Wochen auf einer Beerdigung, sieht sich regelmäßig beim Gießen auf dem Friedhof, und irgendwann hatte ich Gertrud beim Geburtstagskaffee auf der Couch.

Vor zehn Jahren sind wir zum ersten Mal zusammen in den Urlaub gefahren, ab dann jedes Jahr. Meist mit dem Bus, nach Bayern, auf die Schwäbische Alb, ach, wir sind schon schön rumgekommen! Aber immer, wenn wir zurückkommen, schwöre ich, dass es das letzte Mal war.

Es ist wirklich nicht einfach mit ihr.

Gertrud ist mehr der rustikale Typ. Sie hat so gar nichts Feines oder Vornehmes an sich. Mir ist das oft sehr unangenehm. Aber sie hat ein großes Herz und trägt nichts nach. Nicht mal die Sache mit dem Aquarium: Ich war bei Gertrud zu Besuch, und wir hatten uns etwas verschwatzt. Mein Händi schlug auf einmal Alarm, weil die Batterie leer war. Da ich nie ohne Ladekabel in der Handtasche – genau genommen nie ohne Ladekabel und ohne Kornfläschchen – das Haus verlasse, war das gar kein Problem. Gertrud sagte, ich soll die Steckdose links neben dem Sofa nehmen, ich zog den Stecker raus und lud mein Telefon auf. Dass sie die freie Steckdose meinte, konnte ich ja nicht wissen. Die Aquariumspumpe versagte ihren Dienst, was Gertrud aber erst 4 Tage später bemerkt hat. Sie musste alle Fische neu kaufen. Man entwickelt ja doch eine Bindung zu so einem Tier.

Dieses Jahr haben wir eine Flusskreuzfahrt über Rhein und Mosel gebucht. Sehr gediegen – eine Seniorenreise mit lerweile lieber im Händi lese, was in der Welt so los ist, ihre ollen Zeitschriften ... nee.

Fußpflege machen sie auch im Salon, das macht Ursula aber nicht selbst. Sie ist ja auch nicht mehr die Jüngste und kann sich nicht mehr so gut bücken. Fußpflege macht das Lehrmädel, die Silke. Also, sie war mal Ursulas Lehrmädel, damals, 1976. Ich glaube, mittlerweile hat sie ausgelernt. Ich habe so mit Hornhaut zu tun und reiße mir immer die Strumpfhosen kaputt. Oft nehme ich auch vor dem Fernseher ein Fußbad mit Latschenkiefer und mache die Hacken mit dem Bimsstein selbst, aber einmal im Monat muss Silke für die groben Sachen ran.

Wenn ich weiß, dass ich zum Friseur gehe, trinke ich morgens keinen Bohnenkaffee. Erstens muss ich danach immer austreten, und außerdem kriege ich eine Tasse im Salon. Das ist im Preis mit drin. Man hat schließlich nichts zu verschenken, nich? Sie haben auch Cappuccino, das ist Kaffee mit Kakao, wissense, aber den trinke ich nicht, der ist so süß. Und Expresso, da muss ich aber auch abraten. Erstens ist das nur so ein Puppentässchen, und dann ist das Zeuch so stark, davon kriege ich Herzrasen. Ich bleibe bei Filterkaffee. Eine Tasse darf ich ja morgens. Einen Bissen essen muss ich aber trotzdem vorher, wegen des Zuckers. Deshalb gibt es an den Friseurtagen zum Frühstück nur Pfefferminztee.

Waschen, Eindrehen und Föhnen geht schnell, da bin ich in einer guten Stunde raus. Wenn wir aber Dauerwelle machen, dauert das seine drei Stunden, da ist der Vormittag weg.

Heutzutage machen die ja viel mehr mit Farbe beim Friseur. Früher haben nur die feinen Damen gefärbt, und wenn, dann alles braun oder schwarz. Ich habe von meiner Westverwandtschaft öfter was geschickt bekommen. Polymulti-Color oder so. Senta Berger war vorn auf der Packung. Die habe ich dann in den Salon mitgenommen, und Ursula hat mich gefärbt. Das habe ich bis vor zehn Jahren immer noch gemacht, aber wissense, wenn ich dann noch Dauerwelle machen ließ, wurde das Haar richtig strohig. Ich habe mir dann Leichtkämmspray gekauft von «Prinzessin Lillyfee», das half prima. Aber seit ich komplett weiß bin, brauche ich so einen Quatsch nicht mehr.

Letzthin habe ich gesehen, dass die Helene Fischer jetzt auch Werbung macht für blonde Tönung! Ach, das Mädelchen macht das so nett, fast hätte ich das Mittel probiert, aber Ursula hat abgeraten. Sie sagt, in Blond sähe ich wie eine von den Jacob Sisters aus. Die albernen Dinger, die. Nee!

Ja, es war schon gut so, dass ich manierlich frisiert war, als ich Herrn Hagekorn gegenüberstand. Er half mir beim Einsteigen und suchte sich einen Platz in der Nähe von mir. Nicht aufdringlich, nicht, dass er sich direkt neben mich gesetzt hätte. Nein. So einer ist der Herr Hagekorn nicht. Aber doch in Blick- und Hörweite.

Wir unterhielten uns angeregt. Ich war so abgelenkt, dass ich die ganze Fahrt über gar nicht aufgepasst habe. Wir sollten Decken kaufen aus Kamelhaar und Töpfe, die so viel Strom sparen, dass man fast noch was rauskriegt – ach, den ganzen Plunder, den sie gutgläubigen alten Leuten andrehen wollen auf solchen Fahrten. Ich kaufe nie etwas. Ich bin vielleicht alt, aber nicht blöd.

Immerhin kommt man mal raus, wissense, so günstig kriegt man es bei der Bahn nicht. Und oft gibt es auch schöne Geschenke. Meist Wurstpakete, gleich pfundweise. Damit reiche ich über Monate hin, was isst man denn schon als alleinstehende Person?

Dieses Mal sollte die Fahrt übrigens zum «Immenhof» gehen. Eigentlich fuhren wir aber weiträumig drum herum. Der Busfahrer deutete durch den Nebel auf eine Ruine und meinte: «Dahinten ist es.» Ehrlich gesagt, ich kann mir auch gar nicht vorstellen, dass man da nach über 60 Jahren noch Ponys sieht. Oma Jansen und Onkel Pudlich sind doch sicher schon lange tot. Wir fuhren also nicht zum Immenhof, sondern zu einer Art Innenhof.

Man muss bei solchen Verkaufsfahrten ja vorsichtig sein. Wie oft liest man, dass alte Leute dort betrogen werden. Ich sage immer: Augen auf, Börse zu. Wenn man erst gar kein Bargeld mitnimmt, kommt man auch nicht in Versuchung, etwas zu kaufen. Ich habe die anderen Fahrgäste an meinem Tisch gewarnt, die angeblichen Wundertöpfe im Internetz gesucht und ihnen gezeigt, dass die bei QVC nicht mal ein Viertel kosten. Das gibt ab und an ein bisschen Ärger mit den Verkäufern, aber ich stelle mich dann einfach taub. Sie müssen mich ja wieder mit nach Hause nehmen. Schließlich habe ich bezahlt.

Auf der Rückfahrt fragte Herr Hagekorn, ob ich ihm wohl mal mein Telefon zeigen würde. Ich führte ihm die Apothekenapp vor, und von dem Moment an hatte ich sein Herz erobert. Wir studierten an die zwei Stunden Nebenwirkungen, denken Sie nur! Im Gespräch stellten wir auch fest, dass seine Rosetraude auf dem gleichen Friedhof wie mein Walter liegt, nur vier Reihen weiter. Zum Schluss sagte er mir seine Nummer an, und ich speicherte sie im Telefon unter Ha wie Hagekorn.

Er hat kein Händi, nur Festnetz.

Was soll ich Ihnen sagen? In den folgenden Wochen traf ich Herrn Hagekorn hin und wieder zu Tee und Gebäck. Wir plauderten und promenierten durch den Park, es war wunderschön, und ich fühlte mich in Gegenwart dieses kultivierten, gebildeten Herrn so wohl wie seit meinem 60. Geburtstag nicht mehr. Als er mich zum Seniorenball einlud, sagte ich sofort zu.

Herr Hagekorn führte mich mehrfach zum Tanz und sagte, ich würde leicht wie eine Feder tanzen. Ach, mir stieg die Hitze hoch! Wir schwoften zu «Puppchen, du bist meine Augenstern». Einen Tanz später, beim «Schneewalzer», raunte er mir zu, er könne sich vorstellen, nachts mein Zähne im Glas neben seinen stehen zu sehen. Das ging mir doch etwas weit. Aber dann schritten sowieso die Erben ein.

Einige Tage später rief er nämlich an und sagte, dass er zu seinen Kindern an den Tegernsee ziehen wird. Ich kenne das von Kirsten: Ab einem gewissen Alter entdecken die Kinder ihre Liebe zu uns und auch ihre Sorge, wir würden das Erbe verplempern, und kümmern sich wieder mehr. Herr Hagekorn hatte dem Sohn von mir erzählt, und als er in einem Nebensatz erwähnte, dass ich viermal verwitwet bin, war der Junge plötzlich ganz verrückt darauf, den Vater zu sich zu nehmen. Wir schreiben uns seither Briefe, Imehl kann er leider nicht. Für den nächsten Sommer hat er mich zu sich eingeladen, und wenn ich gesund bleibe, werde ich auch fahren.

Ilse nimmt mich immer ein bisschen hoch und sagt, ich würde von Herrn Hagekorn schwärmen wie ein junges Ding. Ich habe ihr verboten, den Quatsch laut zu erzählen, wenn andere dabei sind. Was glaubense, was sie gemacht hat, als wir mit Gertrud beim Kränzchen saßen? Fängt sie doch an zu singen: «Den Jungfernkranz, den winden wir.» Solche Albernheiten verbitte ich mir!

Aber eines verrate ich Ihnen doch: Ich habe da ein wunderhübsches Kostüm im Schaufenster gesehen, das würde sich ganz prima als Brautkleid machen.

> Früher war nicht alles schlecht. Wir hatten Polyklinik, «Ein Kessel Buntes» und Katarina Witt. Und Nordhäuser Doppelkorn.

Sie denken sich vielleicht, ich bin eine typische alte Dame. Das ist richtig. Aber in einem bin ich anders als alte Leute: Ich habe keine Sachen «für gut». Wissense, früher, ja. Nach dem Krieg waren wir froh über das, was wir auf dem Leib trugen. Wenn man mal ein gutes Stück ergattern konnte, hat man sich damit auch in Acht genommen und es nur am Sonntag getragen. Aber die Zeiten will ich nicht zurück.

So leicht wie jetzt hatten wir es noch nie. Das kann sich ja heute keiner mehr vorstellen, aber noch vor 25 Jahren, Ende der 80er in der DDR, hatten wir keine moderne Gasheizung. Ich freue mich jeden Morgen, dass es schon schön mollig ist. Früher mussten wir erst in den Keller runter und Feuer machen. Und wer Zentralheizung hatte, war schon gut dran. In Karlshorst draußen, da hatten wir Kachelöfen in allen Räumen und eine Kochmaschine in der Küche. Da musste man zusehen, dass sich wenigstens in der Kochmaschine die ganze Nacht über die Glut hielt. Morgens ist man dann mit einer Schippe durch alle Räume gelaufen und hat die Öfen angefeuert. Dann musste Asche runtergetragen werden und

Holz und Kohle hochgeschleppt, und alle paar Stunden musste man nachlegen. Wie oft ist es vorgekommen, dass das Feuer nicht angebrannt war, und dann stand man da in der kalten Bude. Da soll mir keiner kommen, dass es früher besser war. Das will ich nicht zurück.

Und auch die modernen Geräte. Computer und so. Und Telefon. Heute tippe ich schnell bei Gockel «Bahn» ein, und schon kann ich nachschlagen, wann der nächste Zug nach Brunsköngel zu Kirsten fährt.

Und gerade wir im Osten. Nach Feierabend begann die zweite Schicht. Wenn eine Kollegin gehört hat, dass es Tapeten gab in der Drogerie – ja, guckense nich so, die gab es wirklich in der Drogerie! –, dann musste man dahin und sich anstellen. Wichtig war nur, dass man überhaupt was bekam. Das konnte man dann nämlich tauschen, vielleicht gegen Schinken oder eine Armatur für den Badeofen oder einen Außenspiegel für den Wartburg. Wir waren ja so auf Anstellen dressiert; wir stellten uns schon automatisch an, wenn wir nur eine Schlange sahen, auch wenn wir nicht wussten, was es gab. Kirsten sagt, ich hätte beim Einkaufen oft zu ihr gesagt: «Kind, stell dich hier mal an und warte, Mutti guckt, was es gibt.»

Ja, so war das; also ich will die Zeit nicht zurückdrehen. Ich lebe im Heute, Hier und Jetzt sehr gut.

Erzählen Sie das ruhig alten Leuten, die Ihnen sagen, dass «früher alles besser war».

Ich kann Jammerei aber bei niemandem ertragen, auch bei den Jüngeren nicht. Wenn sie mal ein bisschen Stress haben, dann haben sie gleich Börnaut. Herr im Himmel! Als wir 45 Steine geklopft haben, ging das 16 Stunden den Tag. Wir hatten keine Zeit für Börnaut. Und die Kinder, die Kinder haben auch immer gleich eine Krankheit, auch wenn sie nur verzogen sind. Wissense, wenn ich quengelig war, gab es ein paar hinter die Ohren, ich wurde rausgeschickt zum Melken oder zum Holzholen. Mutter hatte keine Zeit, mit mir zur Therapie zu fahren. Vater war im Krieg geblieben, da hatte sie nicht mal Zeit für ein eigenes Börnaut. Wenn mein ADHS nach dem Melken noch nicht weg war, bekam ich Radioverbot. Sie glauben gar nicht, wie schnell ich brav war und folgte.

Nee, früher war nicht alles besser. Und heute hat keiner einen Grund, Hosen oder Blusen «für gut» aufzubewahren. Wir leben heute und jetzt, und keiner weiß, wie lange noch.

Eine Zeitlang steckte das dann noch so in mir drin, aber irgendwann stand ich vor dem Kleiderschrank und dachte: «Renate, was soll das bloß?» Da hingen Kleider für Sonntag, Kostüme für Feiern, meine vier Brautkleider, Anzüge meiner verstorbenen Gatten, das hübsche Geblümte, in dem ich mal beerdigt werden will ... du liebe Zeit. Der ganze Schrank voll, aber nichts Passendes, um mit Gertrud spazieren zu gehen. Ich habe dann mal richtig ausgeräumt und alles weggegeben. Man zieht das meiste ja doch nie wieder an. Jedenfalls die Brautkleider nicht, und sollte ich wirklich noch mal eins brauchen, dann will ich ein neues!

Man trägt im Alter ja doch eher gedeckte Farben. Selten die zarten Töne. Ich habe ein wunderschönes Strickjäckchen aus mintfarbener Wolle mit goldenen Knöpfen. Wenn ich mal einen Farbtupfer setzen will, dann trage ich das.

Wissense, es ist gar nicht so leicht, als älterer Mensch etwas Bequemes und Hübsches zum Anziehen zu finden. Es gibt auch kaum noch Läden für uns Rentner. In unserem Einkaufscenter gibt es ein Spezialgeschäft für Prostituierte, das schon. Es heißt «Pimpkie». Aber für Senioren weit und breit kein Angebot. Seit Quelle konkurs ist, weiß ich gar nicht, wo ich meine Stützmieder kaufen soll. Man muss schon suchen und auch ein bisschen Mut haben, einfach mal etwas Neues zu probieren.

Früher, ja früher war das anders. Es gab ja nichts. Ich kann sehen, wie Sie jetzt mit den Augen rollen und denken: «Jetzt erzählt die Oma wieder vom Krieg», aber das meine ich gar nicht. Ich meine die DDR-Zeiten. Es war ja nicht so, dass es gar nichts gab. Wir mussten nicht nackt gehen, wussten uns immer zu helfen, aber wirklich schöne Sachen gab es ... nicht so oft. Du liebe Zeit, ich brauchte mal dringend eine weiße Bluse, weil ich im Frauenchor einspringen und bei der Weihnachtsfeier vom Kaninchenverein singen sollte. Keine weißen Blusen, in ganz Berlin nicht! Also in Ostberlin. Das war ja vor der Einheit. Ich bin mir die Hacken rund gelaufen und habe alles versucht. Die Verkäuferin verlangte fünf Quadratmeter Badfliesen oder zwei Kilo Lachsschinken dafür, dass sie mir eine Bluse in meiner Größe zurücklegt. Wo sollte ich denn Badestubenfliesen herkriegen? Das war ja Mangelware. Eine weiße Bluse bekam ich nicht, dafür aber hübsche Anoraks für die Kinder. Dunkelblau mit himmelblauen Streifen. Die Enkel von Franz, meinem dritten Mann, waren damals 5, 9 und 13 Jahre alt, und ich kaufte den gleichen Anorak in drei Größen. Ein bisschen leid tat es mir für den Kleinsten, den Marcel. Der musste die Jacken seiner Brüder auftragen und hätte sechs Winter lang die gleiche Jacke gehabt, wäre nicht die Mauer gefallen.

Eine Bluse war nicht aufzutreiben, Ilse hat mir eine aus einem Bettlaken geschneidert. Mit Rüschen und Schluppe. Ich sah wie eine alte Tante aus. Ich habe keine Sachen «für gut», nur ein paar wirklich ganz besondere Stücke für Beerdigungen.

> Seit ich dieses neue Fernsehgerät habe, gibt es nur Probleme. Das ZDF ist auf 984, und der Apparat ist so schmal, dass der Kater runterfällt.

Über das Fernsehen könnte ich mich ja nur aufregen. Meist lasse ich die Kiste aus. Es läuft ja doch nichts! Man ärgert sich nur. Aber so manchen Abend schaltet man eben doch ein, und dann geht das los: Was soll man bloß gucken?

Die erfinden doch jede Woche was Neues. Man kommt doch da gar nicht mehr mit. Nur Schießfilme und Remmidemmi! Überall Nackte, und wenn eine Musiksendung kommt, dann singen sie Englisch, oder es ist Bumsmusik. Nee.

Nachrichten gucke ich auch nicht. Wissense, wenn wirklich was Wichtiges ist, kommt nach der Tagesschau ein «Brennpunkt». Früher habe ich ja noch wegen des Wetterberichts und der Telelottozahlen Nachrichten geguckt, aber das habe ich jetzt alles als App. Und für den Wetterbericht verlasse ich mich lieber auf meine Zipperlein. Die sagen mir zuverlässiger, ob es Regen gibt.

Am schlimmsten sind ja die Privatsender. Ich weiß noch, wie das damals aufkam, wir konnten das in Ostberlin prima empfangen, fast besser als DDR2. Ach, was war das schön; da kamen die Revuefilme mit Marika Kilius und Hans-Jürgen Bäumler! So schöne Kostüme und die Musik dazu, es wurde getanzt und meist geheiratet zum Schluss. Da durfte keiner stören. Alle halbe Stunde kam Werbung, da konnte man austreten gehen oder den Kaffee oder Tee ansetzen, und nach fünf Minuten ging es weiter. Das war noch was für uns Ältere, aber heute? Nicht mal Glücksrad kommt noch oder Pfarrer Fliege.

Glücksrad habe ich gern geschaut, Ilse auch. Das war immer eine günstige Zeit, nach dem Abendbrot. Wenn einer von uns beiden das Wort raushatte, riefen wir uns gegenseitig an. Einmal habe ich es bei der Bonusrunde schon gewusst, als noch kein einziger Buchstabe umgedreht war. Es waren einmal fünf und dann noch mal vier Buchstaben, und es ging um Erdkunde. Schon bevor die Maren Glitzer auch nur ein Türchen aufgemacht hatte, wusste ich die Lösung: COSTA RICA. Ilse sagte, ich würde spinnen, aber ich hätte das Auto gewonnen. Ja, im Glücksrad war ich gut.

Gibt es heute alles nicht mehr.

Ich kaufe auch gar keine Fernsehzeitung mehr. Bis man sich da durchfindet, wissense, das ist rausgeschmissenes Geld. Vor Pfingsten habe ich mal ein Heft mitgenommen, weil ich dachte, über die Feiertage käme vielleicht was Besonderes. Aber ich muss mich vergriffen haben, es waren lauter nackte Frauen im Heft. Ich wollte das so schnell wie möglich aus dem Haus haben. Zurücknehmen wollten sie die Zeitschrift nicht. In die Papiertonne mochte ich es nicht werfen, da hätten ja Kinder und Jugendliche drankommen können. Ich habe das Ding dann zu Ilse und Kurt mitgenommen, die haben zum Zuheizen noch einen Beistellofen mit Holz und Kohle. Da haben wir sie verbrannt. Kurt wollte das Papier zum Anfeuern aufheben und nach und nach verbrennen, aber Ilse sagte, so ein Schweinkram bliebe nicht im Haus, und so haben wir das ganze Heft noch am gleichen Abend verbrannt.

Seit ich den neuen Fernseher habe – wissense, den Flachen mit LSD –, schaue ich noch weniger. Das Gerät hat zwar ein wunderbares Bild, ist aber kompliziert zu bedienen. Auf dem alten Apparat war ARD auf Eins und ZDF auf Zwei, aber der Mann, der den neuen Fernseher aufgestellt hat, hat es nach dem Alphabet sortiert. Jetzt ist ZDF auf 984, und wo vorher das Zweite war, ist jetzt türkisches Einkaufsfernsehen.

Sport im Fernsehen ist auch nichts für mich. Die geben viel Geld aus, um zu zeigen, wie Frauen mit Gewehren durch den Schnee rennen, und wann lief das letzte Mal ein Film mit Marika Rökk? Ach, hörense mir doch auf.

Ilse guckt gern Kochsendungen und lässt mich aus dem Internet die Rezepte ausdrucken. So ein Quatsch. Ich weiß genau, dass sie das nie nachkocht, sie heftet es nur ab. Bei Gläsers gibt es sonntags abwechselnd Kassler und Rouladen, nie was anderes. Ich hab Ilse gesagt, dass die Druckerfarbe teuer ist, das war ihr egal. Sie hat mir 50 € gegeben. Soll sie doch abheften.

Lange Zeit habe ich mich nicht getraut, «Aktendeckel XY ungelöst» zu gucken. Das war immer so gruselig, da konnte ich die ganze Nacht nicht schlafen. Jetzt schließe ich die Haustür doppelt um, lasse die Jalousien runter und habe immer ein Kissen parat, das ich mir zur Not ganz schnell vor die Augen drücken kann. So geht es gut. Letztens habe ich mit Gertrud die Sendung angeschaut. Ausgerechnet an dem Abend hatten sie einen Fall, in dem eine alte Dame in ihrer Wohnung erschossen wurde. Nee, ich sach Ihnen! Wir hatten beide solche Angst, ich bin mit dem Kissen vor dem Gesicht zur Steckdose gegangen und habe den Strom rausgezogen. Wir haben dann einen Korn zur Beruhigung getrunken und für Gertrud das Sofa bettfertig gemacht. Nach dieser Aufregung konnte ich sie ja nicht mehr nach Hause gehen lassen, allein durch die dunkle Nacht. Nur Mord und Totschlag überall. Tatort oder solchen Krimiquatsch gucke ich auch nicht, wenn schon, dann Traumschiff oder Rosamunde Pinscher.

Jeden Abend schaue ich nicht fern. Ich bin lieber unterwegs mit Gertrud oder Ilse und Kurt, mache Handarbeiten, lese, höre Musik oder gucke im Internet rum. Neulich bin ich auf eine Seite gestoßen, wo man alles Mögliche bestellen kann. Amazon. Die Preise waren sehr günstig, und sie hatten sogar die Schallplatten von Willy Schneiders Weinliedern, die kriegt man ganz schlecht. Ich habe da angerufen. Sehr unfreundliche Leute. Sie wollten mir keinen Katalog schicken.

Wir haben letzthin überlegt, für Kurt und Ilse auch Internet anzuschaffen, aber das hat keinen Sinn. Das wird nichts mit denen. Mit Kurt sowieso nicht, schon wegen seiner Augen. Und Ilse ist einfach technisch eine Null. Ich habe sie mitgenommen zur Volkshochschule. Danach hat der Computer gepiept, und der Dozent sagte, er muss Bios reparieren. Ja, der Computer in der Schule hat Bio. Ökologisch ist immer etwas teurer, aber dafür ist es gute Qualität. Er hat Ilse dann neben mich gesetzt, angeordnet, dass sie nichts anfassen soll, und mich zur Seite genommen. Ich musste versprechen, sie nicht noch mal mitzubringen.

Sie behauptet immer, sie würde sich auskennen, und erzählt auch schon mal: «Das habe ich im Internet gelesen.» Aber dann meint sie den ARD-Videotext. Das dürfen Sie ihr nicht übel nehmen, sie weiß es nicht besser. Ilse ist eine Seele von Mensch, aber mit dem Internet … nee. Sie kann gerade so den Fernseher alleine umschalten.

> Mein Neffe und ich machen ein Trinkspiel: Immer wenn ich bei Helene Fischer im Bild bin, trinken wir einen Korn.

Nee, vom Fernsehen halte ich nicht viel. Erst recht nicht, seit ich ein bisschen hinter die Kulissen gucken konnte. Da staunen Sie, nich? Das kam so: Ich habe Ilse immer belächelt, weil sie Gewinnspiele mitmacht. Sie glauben gar nicht, was die im Monat an Porto verklebt! Jedes Kreuzworträtsel löst sie, wohl schon seit über 40 Jahren. Oder füllt Zettel aus in der Kaufhalle. Sammelt Klebepunkte, Treueherzen und Bonusmarken. Ruft für teures Geld im Fernsehen an, spielt Telelotto und sogar Superbingo. Es hat nie etwas gebracht. Sie hat wohl gewonnen, ja. Die ganze Wohnung ist voll mit Teddybären, Wasserbällen und Flaschenöffnern. Aber mal ehrlich – das ist doch alles billiger Werbeplunder. So was braucht kein Mensch, und außer Ilse würde es auch niemand aufheben. Sie führt sogar Buch über ihre «Gewinne».

Dabei ist Ilse eine so feine, damenhafte Person. Das passt gar nicht zu ihr.

Ilse hat immer an den ganz großen Gewinn geglaubt, im Gegensatz zu Kurt und mir.

Vorletzten Spätsommer war es dann tatsächlich so weit, statt eines Kugelschreibersets oder eines Badetuchs hat Ilse den Hauptpreis gewonnen: eine Reise nach München zur Aufzeichnung unserer Lieblingsfernsehsendung «Die Musikantenwiesn». Anreise, Hotel, ein Abendessen, Karten für die Fernsehsendung – aller Pipapo inklusive.

Da konnte ich nur gratulieren.

Umso größer war der Schreck, als Ilse und Kurt feststellten, dass die Reise im September sein sollte: Da war doch

Ilses Knieoperation geplant! Sie sprach mit den Ärzten und versuchte, den Eingriff zu verschieben; sie telefonierte sogar mit der Produktionsgesellschaft in München. Ferngespräch! Leider ließ sich weder die Operation verschieben noch der Besuch der Volksmusiksendung, es war nämlich eine Sondernummer zum Oktoberfest. Ilse sagte: «Renate, keine Widerworte – du fährst mit Kurt. Du kennst ihn am besten, dir läuft er nicht weg.»

Ich wollte nicht. 800 km mit Kurt im Koyota? Ohne mich! Als die Dokumente mit der Post kamen – die Eintrittskarten, der Hotelgutschein und solche Dinge, wissen Sie –, da waren da Flugbilletts! Du lieber Gott. Da rutschte mir das Herz ein Stück in die Hose. Ich war doch noch nie geflogen, und Kurt auch nicht. Ich war sehr aufgeregt. Wissense, dieses Fliegen ... ganz geheuer war mir das nicht. Und was würde ich mitnehmen müssen? Ich hatte keine Ahnung, was man zu einer Fernsehsendung anzieht. Oder auch beim Flug. Ich dachte mir, vielleicht etwas Leichtes, da hilft ja jedes Gramm, was man nicht mitnimmt, Treibstoff zu sparen. Müsste ich den Fräuleins an Bord Trinkgeld geben? Schon Tage vorher konnte ich nachts nicht mehr schlafen. Dass wir mit dem Flugzeug fahren ... also fliegen würden, nee, das hätte ich auf meine alten Tage nicht mehr gedacht. Dass wir Ilse im Krankenhaus zurücklassen mussten, dass ich ins Fernsehen kommen würde, dass wir im Hotel übernachten würden, ach, das brachte mich alles ganz durcheinander. Aber dann auch noch fliegen!

Ich habe schon zwei Wochen vorher mit dem Packen begonnen. Für die Fernsehsendung hatte ich mir den hübschen schwarzen Pulli mit der Goldfadenstickerei ausgesucht. Dazu den dunklen Rock, aber das war nicht so wichtig. Untenrum würden wir ja sowieso nicht im Bild sein, wenn überhaupt. Einen Friseurtermin hatte ich für den Tag vor der Abreise gemacht, nur waschen und legen. Ich würde die zwei Nächte bis zur Sendung mit Haube schlafen, dann würde nichts zerdrückt. Für die Reise hatte ich mir mein eierschalfarbenes Kostüm rausgelegt, dazu die hübsche Brosche von Mutter.

Man hört ja auch so viel über Thrombosegefahr beim Fliegen, aber Frau Doktor Bürgel meinte, das wäre bei der einen Stunde von Berlin nach München kein Problem. Was die sich wichtigmacht. Keine Langstrecke! Als ob 800 km ein Katzensprung sind. Ich holte mir also Stützstrümpfe aus der Apotheke und für Kurt gleich welche mit.

Der Tag unserer Abreise war gekommen. Ich hatte für Kurt und mich ein Paket mit Stullen gemacht. Mit Leberwurst, Käse und Fleischwurst. Dazu hartgekochte Eier, frische Buletten – wissense, was Buletten angeht, macht mir keiner was vor – und eine Thermoskanne Kaffee. Man weiß ja nie, wann man wieder was zu essen bekommt, wenn man unterwegs ist. Es kann immer was dazwischenkommen. Ein Stau oder so. Und dann sitzt man da ohne was im Magen. Nicht mit Renate Bergmann. Ich sage immer: «Was von zu Hause schmeckt am besten», und es kostet auch nicht die Welt.

Der Wagen, der uns zum Flughafen fuhr, setzte uns direkt vor dem Eingang ab. Kurt ging schnurstracks zum Schalter und fragte die Dame, wo denn das Flugzeug abfliegen würde und ob wir schon einsteigen könnten. Wissense, wie ich über Kurt staunte? Der redete plötzlich in ganzen Sätzen. Ich glaube, dass er mal ohne Ilse unterwegs war, tat ihm richtig gut. Er zeigte der Schalterdame stolz unseren

Gewinngutschein für die Musikantenwiesn und erzählte, dass das Hotel sogar auf zwei Einzelzimmer umgebucht hat, weil seine Frau doch erkrankt war, als sie ihn mit einem freundlichen «Jaja. Ich verstehe. Nach München, geht A4» unterbrach. «Geht A4?», mischte ich mich ein. «GÄHT A4. GATE. Flugsteig! Da müssen Sie hier durch, dann nach links … ach, warten Sie mal.» Sie lächelte und telefonierte. Keine Minute später war ein junger Mann da, der Kaugummi kaute. Aber er war sehr freundlich, nahm unsere Koffer, lud sie auf einen Elektrorollwagen und setzte Kurt und mich obenauf. Dann fuhr er mit uns los. Huiiiii, das ging ganz schön flott. In den Kurven rutschte der Koffer fast von der Ladefläche. Kurt half mir beim Absteigen, als wir an unserem Flugsteig ankamen. So galant! Vor uns war eine Schlange, aber Kurt meinte: «Wir haben schließlich gewonnen, vielleicht werde ich mich hier noch anstellen. Komm, Renate!» Entschlossen hakte er mich unter und zuckelte mit seinem Köfferchen an der Schlange vorbei.

«Na, hören Sie mal! Wollen Sie hier vordrängeln? So eine Dreistigkeit!»

«Ach, entschuldigen Sie bitte, aber wir kommen extra von Spandau draußen», versuchte ich die Herrschaften zu beschwichtigen. «Wir wollen zur Musikantenwiesn, wissense, meine Freundin Ilse hat …» – Ich konnte gar nicht ausreden, Kurt zog an meinem Arm und sagte: «Komm!»

Die Dame hinter dem Schalter winkte uns heran.

«Wir wollen nach München», rief Kurt.

«Das dachte ich mir. Hier ist ja auch der Check-in für München. Herr Gläser? Richtig? Ihren Impfausweis brauchen wir im Moment nicht, den Kaufbeleg für den Koffer auch nicht. Das können Sie alles wieder einpacken!»

Das Flughafenfräulein klopfte in ihrem Computer rum und fragte, ob Kurt Gepäck hätte. Er musste seinen Koffer zum Wiegen auf ein Förderband heben. Ich schaute mir alles ganz genau an und passte gut auf, schließlich war ich gleich als Nächste dran.

«Wo möchten Sie denn sitzen, Herr Gläser?»

«Neben Renate!»

«Am Gang oder am Fenster?»

«Wo sitzt denn Renate?»

Es wurde wohl Zeit, dass ich mich einmischte. «Ich bin Renate Bergmann, und ich begleite Herrn Gläser.» Ich stellte meine Handtasche auf den Tresen. Das ist ein bisschen so, als würde man einen Fuß in die Tür stellen, dann kann man nicht so einfach abgewimmelt werden. Das ist jedenfalls meine Erfahrung.

«Wir wollten zur Musikantenwiesn, wissense, Kurts Frau Ilse hat beim Preisausschreiben ...»

«Frau Bergmann. Guten Tag. Ihren Ausweis oder Reisepass bitte!»

Freundlich lächeln tat sie ja, da konnte man nichts sagen. Aber wirkliches Interesse an unserer Geschichte hatte sie nicht.

«Sie müssen schon entschuldigen, aber wir fliegen zum ersten Mal.»

«Frau Bergmann, wir bringen Sie da schon sicher hoch, und runtergekommen ... hihihi ... runtergekommen sind bisher alle. Alter Stewardessenwitz, entschuldigen Sie. Nein, wirklich, machen Sie sich keine Sorgen, alles wird gut.»

Sie tippte auf ihrem Computer, ich musste meinen Koffer auch auf das Band stellen.

«Ich habe zwei schöne Plätze gleich ganz vorn neben

dem Ausgang für Sie ausgesucht. Bitte sagen Sie der Stewardess auch, dass sie zum ersten Mal fliegen ... schauen Sie, HIER ...» – sie kringelte mit einem roten Kuli auf den Scheinen rum und malte einen Kreis um die Zahl A9 –, «hier sitzen Sie. Jetzt gehen Sie mit diesem Bordingpass zur Sicherheitskontrolle. Ich wünsche Ihnen einen angenehmen Flug und viel Spaß beim Musikantenwalzer.»

«Wiesn», brummte Kurt.

Wir gingen zur Sicherheitskontrolle. Ach du liebe Zeit. Ich ... nee, also ich kann das hier gar nicht alles sagen. Wo die mich da überall angefasst haben! Und ich bin doch so kitzelig!

Vielleicht wäre alles viel schneller gegangen, wenn die sich mit meinem Frühstück nicht so gehabt hätten. Ich durfte keine Thermoskanne mit an Bord nehmen, stellen Sie sich vor! Mit der Begründung, dass mein Kaffee eine Flüssigkeit wäre. Ja was dachten die denn; dass ich da oben in der Luft einen türkischen Kaffee aus Pulver brühe oder mit Bohnen reise? Ich habe mit vier verschiedenen Herren vom Zoll diskutiert. Mit VIER. Mein Kaffee wäre Terrorismusgefahr. Da musste ich mich schon sehr zusammenreißen. Sie wollten auch nicht probieren, um sich zu überzeugen, da führte kein Weg hin. Man nahm mir die Kaffeekanne weg. Die Stullen und Buletten durfte ich behalten.

Bei Kurt war es auch nicht besser, er piepte und piepte. Er war wohl schon an die sechs Mal durch eine Tür gegangen. Jedes Mal gab es Alarm. Er holte Schrauben, eine Kombizange, eine Nagelschere und einen Dosenöffner raus. Und Schlüssel. Nach einer guten halben Stunde ging es weiter.

«Komm, Renate», sagte Kurt triumphierend, hakte mich unter, und wir gingen in eine Wartehalle. Ich ärgerte mich immer noch maßlos, dass mein Kaffee nicht mit in das Flugzeug durfte. Wenigstens hatte ich die alte, zerbeulte Kanne genommen, die noch von Tante Meta war. Das war kein großer Verlust.

Wir mussten dann noch warten, bis es losging. Beim Einstieg riss ein sportlicher, gut riechender junger Mann unsere Karten ab und zeigte uns den Weg in einen Tunnel.

Wir waren im Flugzeug! «Frau Bergmann und Herr Gläser. Kurt Gläser. Jahrgang 26, Berlin-Staaken.» Kurt knallte mit den Hacken und machte einen Diener vor der Dame, die uns zum Platz winkte.

Ich musste meine Handtasche über Kopf in einen großen Kasten legen und dann durchrutschen. Es waren zwei Ledersessel in einer Reihe, sehr große und bequeme Sitze, da kann man nicht meckern. Aber es war etwas eng, und sogar ich kleine Person musste den Kopf einziehen. Als Nächstes sollten wir uns anschnallen. Liebe Zeit, als ob man hier weglaufen würde. Selbst wenn man wollte, wo soll man denn hin? So ein Blödsinn. Und wenn wir wirklich abstürzen, glauben die, dass jemand überlebt, nur weil er angeschnallt ist? Aber sich aufregen bringt ja nichts. Kurt klickte seinen Gurt bei mir in die Öse, sodass wir den Kellner rufen mussten. Er hieß Stief.

Das Flugzeug rollte los, und es heulte und fauchte. Mir war schlecht. Es knackte im Lautsprecher, und ein älterer Herr sagte den Wetterbericht von München und dass es jetzt losginge.

Das Flugzeug fuhr und fuhr und wurde immer schneller. Ich dachte schon, wir würden in den Wald hinter Tegel rollen, aber dann – dann hob die Maschine ab, und wir flogen tatsächlich. Es war kurz ein bisschen komisch im Magen, aber ganz ehrlich – wenn man schon mal mit Kirsten mit dem Porsche über die Autobahn gefahren ist, muss man vor dem Fliegen keine Angst haben. Also ich fand es angenehm und genoss es. Kurt hatte sich zurückgelehnt und schnarchte laut. Ich stieß ihn an, das war mir dann doch etwas unangenehm. Er musste sowieso kurz aufstehen und mich durchlassen, ich musste nämlich vor Aufregung austreten.

«Fräulein, Sie werden entschuldigen, aber wo sind denn hier die Toiletten?»

«Am Ende des Ganges!»

«In Indien?», warf Kurt irritiert ein.

Kaum, dass ich von der Toilette zurück war, kamen die Kellner mit einem Getränkewagen und verteilten Kaffee oder Tee. Der Herr Stief reichte uns dazu eine Serviette und eine Tüte mit Nüssen. Ich fand das sehr zuvorkommend. Leider ließ sich die Tüte nicht öffnen. Wissen Sie, ich habe ein bisschen Arthritis in den Fingern, ich rutschte immer ab. Kurt versuchte es mit den Zähnen, aber die rutschten ihm fast raus, als er fest auf das Tütchen biss. Schließlich zog er sein Taschenmesser raus und klappte es auf. Er setzte an und versuchte das Nusstütchen damit zu öffnen. Herr Stief vom Teewagen kam leichenblass auf uns zugestürzt.

Er hielt Kurt am Handgelenk fest und rief nach seiner Kollegin. «BEATE! BEAAAAAATE!»

Kurt knurrte und guckte verwundert.

«WIE HABEN SIE DAS MESSER AN BORD GEBRACHT?», schrie Beate. So ein flegelhafter Umgang mit alten Leuten!

Sie glauben gar nicht, was da los war. Kurt musste aufstehen und wurde wieder durchsucht.

Zum Glück wurde nach ein paar Minuten die Landung

angesagt, und wir konnten auf unsere Plätze zurück. Frau Beate ließ uns aber keine Sekunde mehr aus den Augen. Kurts Messer hatte sie eingezogen. Das stand denen gar nicht zu, das war schließlich nicht irgendein Messer. Kurt hatte es von seinem Vater bekommen. Da hingen ja Erinnerungen dran, er hat damit die Blumen abgeschnitten, die Ilse als Brautstrauß trug, und auch das Reh ausgeweidet, das wir nach dem Margot-Hellwig-Konzert überfahren ... aber darüber wollten wir niemals sprechen. Entschuldigen Sie, da kann ich nichts weiter zu sagen.

Bei der Landung ruckelte es ganz schön, und ich hatte dann auch diesen Druck in den Ohren, vor dem man mich gewarnt hatte. Wir mussten warten, bis alle ausgestiegen waren, und wurden dann zu einem Sicherheitsbüro gebracht oder ach, was weiß ich. Es wurde lange gefragt, was Kurt sich dabei gedacht hatte, ob wir terroristische Anschläge geplant hatten und ob uns überhaupt klar war, was für ein Verbrechen wir begangen hatten. Verbrechen! Weil Kurt die Nusstüte mit dem Messer aufschneiden wollte? Die sind doch alle ein bisschen plemplem. Wir mussten was unterschreiben, Kurt bekam sein Messer wieder, und wir wurden zum Ausgang begleitet.

Dort wartete schon der Fahrer vom Fernsehstudio, um uns ins Hotel zu bringen. Über das Hotel gibt es nicht viel zu meckern. Wissense, ich musste dem Zimmermädchen erst mal zeigen, wie man ein Bett richtig macht und wie man einen Spiegel putzt, aber das erwarte ich gar nicht mehr anders. Ich sehe mich da auch in der Pflicht, mein Wissen als Hausfrau weiterzugeben. Am nächsten Tag wurden wir in das Fernsehstudio geholt. Man setzte uns an einen Biertisch ganz vorn bei der Bühne, wir konnten alles ganz genau sehen. Überall waren Lampen und Kameras, es war wirklich beeindruckend und interessant, so was mal mit eigenen Augen zu sehen. Die Blumen, die Ilse und ich im Fernsehen immer so bewundern, waren alle gar nicht echt! Alles Plastik. Nicht mal der Wein war echt. Das Bier schmeckte Kurt auch nicht. Es war wohl alkoholfrei. Was ein Segen, ich hatte meinen Korn dabei.

Dann ging das los. Es kam ein junger Mann, der Christian hieß, Witze machte und mit uns Klatschen übte. Er war gar nicht lustig, und klatschen konnten wir nun wirklich. Seniorenfasching übt! Es zog sich fast eine halbe Stunde hin. Wer wollte, durfte zum Freuen auch aufstehen. Wissense, mir war wirklich danach, mir mal die Beine zu vertreten. Nach dem ganzen Rumsitzen war ich schon ganz steif in der Hüfte geworden. Kurt ging es ähnlich. Wir halfen uns gegenseitig hoch, aber der Christian sagte, das wäre nicht spontan genug, und sie schneiden es raus.

Als uns die Hände vom Klatschen wehtaten, ging es los. Die Moderation Carmen Reibel kam und begrüßte das Publikum. Ach, die war genauso nett und natürlich wie im Fernsehen. Es war eine so schöne Sendung. Musik zum Schunkeln, zum Mitsingen, ach, richtig was fürs Herz. Trotzdem war ich enttäuscht, wie man doch beschupst wird. Wir saßen ja ganz dicht dran und bekamen es genau mit – die Musikanten singen alle gar nicht! Sie bewegten nur die Lippen. Wir dachten, für so viel Geld, wie die kriegen, dürfte man doch wohl erwarten, dass sie auch richtig singen. Und immer, wenn ein bisschen Schwung in den Abend kam, wurde wieder abgebrochen. Dann sagte eine Stimme durch den Lautsprecher: «Den nehmen wir.» Oder: «Das machen wir noch mal.» Dann wurde die Carmen Reibel gepudert.

Sie sieht in echt übrigens viel älter aus als auf dem Bildschirm. Der Hals und die Hände sind ganz schrumpelig. Wäre ja auch ungerecht, wenn nur wir normalen Frauen alt werden.

Nach einer Stunde kam ein Mädelchen mit Kopfhörern zu uns an den Tisch und sagte, wir würden gleich als Gewinner vorgestellt. Zuerst wurde ich gepudert, und dann wollten sie Kurt abtupfen. Aber der wehrte sich. «Hauense mir ab mit der Schminke! Vielleicht noch Lippenstift, wa?», aber es war schon zu spät. Sie hatte ihre Puderquaste in der Westentasche wie Ursula im Friseursalon ihren Haarlack in der Schürzentasche: Sie fragt nur pro forma, und ehe man antworten kann, hat sie die Flasche schon in der Hand und sprüht drauflos. «Mmmmören mie aufffff», stammelte er noch, aber es war einfach zu spät. Kurt war fernsehgerecht hergerichtet; ihm blieb nur, sich die Brille zu putzen.

Carmen Reibel kam zu uns an den Tisch. Wir wurden vorgestellt, sie erzählte, dass wir aus Berlin wären, erwähnte auch, dass Ilse krank war und ich als «Freundin der Familie Gläser» mitgereist wäre. Wir winkten und grüßten Ilse, und dann durfte Kurt den nächsten Künstler ansagen: Gerhard Stark mit «Wiesnzeit, es ist endlich wieder Wiesnzeit». Kurt musste es viermal sagen, dann waren alle zufrieden. Gerhard Stark kam ein paarmal an unserem Tisch vorbei und hielt bei der zweiten Runde bei Kurt und mir an, setzte sich zwischen uns und sang eine halbe Strophe. Also, er bewegte die Lippen, der Gesang kam vom Band. Er roch ganz unangenehm aus dem Mund.

Ja, es war ein schönes Erlebnis, aber ein bisschen ernüchtert war ich auch. Wir haben gar keine Autogramme bekommen. Kurt wollte hinter einem Musikanten aus der

Gerhard-Stark-Kapelle noch hinterherlaufen, weil er glaubte, es war früher der Junge auf der Packung der Kinderschokolade. Aber man hielt ihn auf.

Der Rückflug war nicht mehr so aufregend. Wir kannten uns ja jetzt aus. Kurt legte sein Messer schweren Herzens in den Koffer, und so gab es keinen Ärger.

Als die Sendung im Fernsehen ausgestrahlt wurde, schauten wir natürlich alle drei zusammen. Ilse war von der Reha zurück, und wir mussten ihr alles genau erzählen. Wir waren aber fast gar nicht im Bild, nur einmal kurz beim Klatschen. Als Ilse hörte, wie Kurt übers Fernsehen Grüße für sie bestellt und sich für sie «Wiesnzeit, es ist endlich wieder Wiesnzeit» gewünscht hat, musste sie ein Tränchen verdrücken und gab ihm ein Küsschen.

Jetzt mache ich übrigens auch Preisausschreiben mit.

> Das letzte Mal war ich im Kino ... ach Gott, das war in Karlshorst damals, als der Landvorführer noch rumreiste und Heimatfilme zeigte.

Wann waren Sie eigentlich das letzte Mal im Kino?

Bei mir ist das ... ach Gott, wissense, wie ich mich erschrocken habe, als ich darauf kam? Das ist Jahrzehnte her! Es kommen aber auch nur noch komische Filme. Wie im Fernsehen. Entweder Schießfilme oder was mit Nackten. Früher, ja, da wurden noch richtige Filme gezeigt. Mit Heinz Rühmann oder auch mit Marika Rökk. Vor ein paar Wochen habe ich mit Ilse und Kurt darüber gesprochen. Wir waren uns einig: Wir müssen mal wieder ins Kino gehen.

Ilse sagte, ihr Enkel geht vor dem Kino immer noch essen.

Das gehöre jetzt so zusammen, die jungen Leute machen das so, und deshalb müssten wir vorher zu MäcDonalds.

Ich habe wohl mal reingelugt in so ein Restaurant, aber gegessen, nee, nie. Das ist nichts für mich, dachte ich. Aber es war so abgemacht: Kino UND Abendbrot. Man will ja auch mitreden können.

«Ilse, sag, ob wir wohl einen Tisch bestellen müssen?», kam es mir in den Sinn. Ich hatte gesehen, wie die jungen Leute da Schlange stehen, das wollte ich nicht riskieren. Ilse holte die «Gelben Seiten», und wir fingen an zu suchen. Ach, das war ein Geblätter, wir kämpften uns wohl bald eine viertel Stunde durch das Buch, bis Kurt zufällig auf «Schnellrestaurant» schlug und Ilse «MäcDonalds» entdeckte. Schnellrestaurant. Da soll nun einer drauf kommen! Wir hatten unter Gasthaus, Restaurant und Speisegaststätte gesucht.

Als wir fertig waren, fiel mir ein, dass ich ja auch einen Gelbe-Seiten-Knopf auf dem Händi habe, vielleicht wäre das sogar schneller gegangen. Ilse guckte mich ein bisschen böse an und begann, die Nummer auf ihrem Telefon zu wählen. Kurt und Ilse haben ein Telefon mit Schnur und ganz großen Zahlen. So ein Spezialgerät für alte Leute. Ihnen ist das aber nicht peinlich. Ich möchte mich dazu lieber nicht äußern. Es hat einen Nebenanschluss im Schlafzimmer, von dem Ilse mich manchmal heimlich anruft, wenn Kurt wieder Fußball guckt, und eine Anrufbeantwortungsmaschine, die keiner richtig bedienen kann. Oder habe ich Ihnen das schon erzählt?

Ilse begann zu drücken. Kurt las die Zahlen langsam vor. Nach ein paar Tut-Tönen meldete sich jemand mit «Mäcdonnalzschbandau, spreschen mit Karim, kannsch für Sie tun?»

Ilse legt vor Schreck auf. Und probierte es wieder, erneut kam der Bursche Karim ans Telefon: «Kannsch für Sie tun?»

«Hier spricht Ilse Gläser. Ich habe mich verwählt.»

Ich guckte Ilse groß an und zog die Stirn kraus.

«Nee. Ach entschuldigen Sie, ich bin ganz durcheinander.»

«Ja bitte?»

«Herr Karim, wir wollen nächsten Mittwoch ins Kino und vorher bei Ihnen essen.»

Schweigen.

«Und da wollen wir einen Tisch für drei Personen reservieren.»

Karim sagte ein ganz langes Wort: «Wollihrmischveraschenodawas?»

Dann wurde aufgelegt.

Kurt sagte knapp: «Der hat bestimmt nicht gedient. Dranbleiben. Nicht aufgeben.» Und drückte auf Wahlwiederholung.

Dieses Mal meldete sich eine Frauenstimme, eine Frau Bauder.

Frau Bauder war umgänglicher als der Herr Karim und hörte Ilse geduldig an. Sie erklärte uns, dass wir nicht reservieren müssten, sondern einfach vorbeikommen könnten. Tischbestellungen wären unüblich.

So was kann man ja nicht wissen.

Als der Mittwoch ran war, fuhren wir zum Restaurant. Also, Schnellrestaurant, Sie wissen schon. Die Parkplätze sind da sehr großzügig, Kurt hatte keinerlei Probleme. Das war schon mal ein Pluspunkt. Ilse und ich atmeten erleichtert auf. Wir sind immer froh, wenn der Wagen steht und wir nirgends angestoßen sind. «Wenn jetzt noch das Essen schmeckt, kommen wir öfter hierher», flüsterte Ilse mir erleichtert zu.

Wir gingen in das Lokal und suchten uns einen schönen Platz am Fenster. Kurt hat gern den Wagen im Blick, wissense.

Wir legten erst mal ab. Es war weit und breit keine Garderobe zu sehen. Wir mussten unsere Mäntel neben uns auf die Stühle legen. Meine Kappe behielt ich auf. Wir saßen und warteten, aber ein Kellner kam nicht. Eine Karte hatten wir auch nicht auf dem Tisch. Kurt versuchte ohne Erfolg, einen der jungen Burschen zu uns zu winken. Sie trugen Mikrophone vor den Mund geschnallt und murmelten etwas, aber kamen nie zu uns an den Tisch.

An den Tischen um uns herum saßen Leute, nee! Ein junges Mädel, keine 16, saß hingelümmelt auf dem Ledersofa, kaute gelangweilt auf einem Strohhalm und beratschlagte mit einer Freundin, ob sie Marwien heute Abend wohl blasen sollte.

Er musste sich wohl verbrannt haben.

Ilse langte es irgendwann. Sie ging zur Rezeption, um nach einem Kellner zu fragen, winkte uns dann aber schnell ran. «Hier ist Selbstbedienung!», zischte sie. «Sagt, was ihr essen wollt. Schnell!»

Ach du liebe Zeit.

Wissen Sie, ich hatte ja keine Ahnung, was man da isst. Viele hatten Pommies auf ihren Tabletts, die kannte ich. Ich mache mir selbst meist Salzkartoffeln als Beilage, aber auswärts esse ich Pommies ab und an ganz gern.

Ilse nahm das mit dem Bestellen in die Hand. Jonas hatte etwas aufgeschrieben: «Schinken nackend und Hamburger bitte», sagte sie. «Chicken MäcNuggets, sehr gern.» Kurt wollte auch etwas trinken, schließlich war es nach 17 Uhr (ich hatte meinen Korn für später dabei):

«Ein Pils, aber ein kleines, ich muss noch fahren.»

«Das tut mir leid, aber Bier haben wir nicht.»

«Kein Bier?»

«Sie können einen Softdrink haben oder Kaffee zum Beispiel.»

«Kaffee kriegt mein Mann nicht um diese Zeit!», intervenierte Ilse. «Geben Sie uns zwei Glas Sprudel.» Dem schloss ich mich an.

Wir bekamen Pappbecher mit Wasser auf ein Tablett gestellt und bezahlten.

Was soll ich sagen? Meine Pommies waren recht gut, aber in anderen Restaurants esse ich Schnitzel dazu. Schnitzel gab es hier nicht. Auch kein Besteck. Kurts Hamburger war auch kein Hamburger Schnitzel. Es war ein Brötchen mit einer Scheibe gebratenem Klops. Alles war mit Scheiblettenkäse überzogen. Ilse hatte «Schinken nackend» bestellt, jedoch panierte Stückchen Huhn mit einer süßen Obsttunke bekommen.

Und die Toiletten ... Sie ahnen es nicht! Sehr merkwürdig. Wasser kam auch nicht aus der Leitung, Ilse und ich winkten, klopften und tanzten vor dem Hahn – das brachte alles nichts.

Nächstes Mal gehen wir wieder zu Waltrauds Schnitzelstube. Waltraud hat Altberliner Küche, preiswert, reichhaltig und gut. Und auf der Toilette gibt es Wasser und Licht.

Wir waren auch im Kino, aber einen Film geguckt haben wir nicht. Wir haben uns lange beraten lassen, aber es war wirklich nichts für uns dabei. Nur Schießfilme und Außerirdische. Kein einziger schöner Heimatfilm, nichts mit Musik und Tanz und nur ein einziger deutscher Film, und da kannten wir die Schauspieler nicht. Ohrhasenentchen oder so. Ilse erinnerte sich daran, dass im Fernsehen «Das Schunkelfest der Heimatmelodie» wiederholt werden sollte. Wir kauften uns eine große Tüte Popscorn zum Mitnehmen, das hatte Jonas unbedingt empfohlen, fuhren zu Gläsers nach Hause und machten uns einen schönen Fernsehabend, ausnahmsweise in der guten Stube.

Wir behalten das Kinoprogramm aber im Auge, und wenn ein schöner Film mit Uschi Glas oder Peter Kraus kommt, nehmen wir noch mal neu Anlauf.

Das Popscorn war nämlich wirklich lecker.

Gewitter ist fast noch gruseliger als «Aktendeckel XY ungelöst». Huuuuuch, es donnert. Huuuuuuuh!

Ich bin bestimmt keine ängstliche Person. Ich habe einen Handtaschenräuber mit der Friedhofsharke in die Flucht geschlagen, fürchte mich nicht vor großen Hunden und gehe sogar im Dunkeln durch den Park nach Hause, wenn ich spät von Gertrud komme. Aber eine große Angst habe ich vor Gewittern. Nee, da bin ich kein Mensch, wenn es wummst und blitzt. Ich wohne ja ganz oben im Haus. Das ist gefährlich. Jeder weiß, dass der Blitz immer oben einschlägt.

Dann kann ich nicht schlafen und sitze beim ersten Donnergrummeln im Bett. Die Kehle ist einem ganz eng, das Herz fängt an zu schlagen, und mir wird heiß und kalt. An Schlaf ist dann nicht zu denken, ich ziehe mich an und setze mich an den Küchentisch.

Die Kerzen liegen immer bereit. Man weiß ja nie, wenn es richtig einschlägt, ist vielleicht für ein paar Stunden der Strom weg, und man steht da im Dunkeln – nee, das passiert mir nicht. Im Vertiko habe ich eine Schublade, in der liegt alles parat für das Gewitter: Kerzen, Streichhölzer, ein Päckchen Zwieback, meine Tabletten, zwei Flaschen Sprudel, das Testament, die Sparbücher und die Versicherungsunterlagen. Dazu Portemonnaie, Ausweis, Schipkarte von der AOK und Ladekabel für das Händi. Auch eine Tasche mit Nacht- und Leibwäsche und bequemer Kleidung für drei, vier Tage ist immer gepackt, Waschtasche inklusive. Einen Reise-Flachmann habe ich auch. Das hat aber nun weniger mit dem Gewitter zu tun, wissense, in meinem Alter kann man ja immer mal kurzfristig ins Krankenhaus kommen, und dann will man nicht lange packen müssen. Es kann ja auch sein, dass man bei einem Brand aus dem dritten Stock auf das Sprungtuch hopsen muss. Allein die Vorstellung. Nee.

Bei Gewitter laufe ich durch die Wohnung und stelle alle elektrischen Geräte ab, damit nichts passiert. Man hört und liest ja so viel. Letzthin musste ich den Tiefkühlfroster fast einen Tag auslassen, weil es gar nicht wieder aufhörte. Ich habe tagelang Spargel gegessen, weil schon alles angetaut war. Ach, hörense auf, ich darf gar nicht daran denken. So ein Jammer, der sollte für Weihnachten sein!

Als Erstes ziehe ich immer den Fernseher raus. Stromstecker UND Antenne. Wobei, Antenne hat man ja heute auch nicht mehr. Wissense noch, was für Probleme wir früher hatten, das dritte Programm reinzudrehen? Mein Franz hing mit der Leiter 15 Meter hoch in der Antenne und fummelte mit dem Schraubendreher rum, und trotzdem gab es nur Schnee. Es wurde erst besser, als sich eine Taube hinsetzte. Leider blieb das Tier nicht lange, und wir konnten die Abendschau nicht zu Ende sehen.

Der Fernsehapparat hat viel Geld gekostet, da will man ja nicht, dass was drankommt. Deshalb ziehe ich alle Stecker raus. Stefan hat mir letztes Frühjahr beim Aussuchen geholfen. Es ist ein LSD-Gerät. Für den Kater war das eine Umstellung, wissense, auf dem alten Röhrengerät hat er immer gemütlich geschlafen. Das war schön warm. Von dem neuen Apparat rutscht er ständig runter, er findet da keinen Halt.

Ich kann es auch nicht haben, wenn bei Gewitter die Messer in der Küche rumliegen. Blitze ziehen sich zum Strom und zu blinkenden Flächen, das hat meine Mutter schon immer gesagt. Bei Tante Meta ist mal ein Kugelblitz in die Küche gezogen, der ist oben an der Küchenwand ringsum gewandert, und zum Schluss hat er in das kleine scharfe Küchenmesser eingeschlagen, mit dem sie immer das Gemüse geputzt hat. Da sah es vielleicht aus! Und die Tante Meta ... fragen Sie nicht nach Sonnenschein.

Mir muss keiner was erzählen. Ich kenne mich mit Gewitter aus.

Telefon geht ja immer, egal ob Strom ist oder nicht. Ich gehe aber trotzdem nicht an den Apparat, wie gesagt, blanke Flächen und Elektrizität ziehen die Blitze an. Erst wenn das Schlimmste vorbei ist, rufe ich kurz bei Ilse und Gertrud durch und frage, ob sie Licht haben.

Ich habe schon manche Nacht mit meiner Tasche, den Papieren und dem Korn am Küchentisch gesessen und gewartet, ob die Feuerwehr mich holt. Ich war fix und fertig mit den Nerven. Erst um neun am nächsten Morgen hatte sich das Wetter beruhigt, und ich traute mich, das Händi anzumachen und den Fernseher. Das Schlimmste war vorbei, sagten die Nachrichten. Keine Verletzten, keine Blitzeinschläge in der Nähe. Ich konnte schlafen gehen. Ich kam mir vor wie so ein junges Ding, das von der Disco kommt. Nicht mal die Meiser oder die Berber sind so verkommen, dass sie erst um neun Uhr morgens schlafen gehen, nee.

 Mein Kater heißt «Katze». Ich kann mir schließlich nicht alle paar Jahre, wenn die Viecher sterben, einen neuen Namen ausdenken.

Ich habe eine Katze, das wissense ja schon. Genau genommen ist es im Moment ein Kater. Das wechselt immer mal. Nee, nich so, wie Sie jetzt denken. Ich kann bei Katzen Junge und Mädchen unterscheiden. Aber ich habe alle paar Jahre wieder ein neues Tier. Wissense, in meinem Alter gucken die im Tierheim immer ganz genau hin. Da kriege ich immer nur ältere Tiere, deren Lebenserwartung noch unter meiner liegt. Ich habe nichts gegen alte Katzen, im Gegenteil. So ein Tier gibt einem ja auch viel wieder zurück. Aber letzthin wollten sie mir einen bettlägerigen Kater andrehen, der röchelte und blind war. So nun auch nich! Ich lasse mich auch nicht ausnutzen und weiß, wo meine Grenzen liegen. Ich bin schließlich den Tag über unterwegs und kann keinen gelähmten, blinden und inkontinenten Kater pflegen. Wenn man ein Tier über Jahre hat und es, wenn es zu Ende geht, Hilfe braucht – selbstverständlich. Aber das dahinsiechende Peterle aus dem Heim? Nicht mit Renate Bergmann! Ich bin vielleicht alt, aber nicht plemplem. Ich habe mir dann einen 12-jährigen Kater ausgesucht, kastriert, sehr ruhig und ganz liebe Augen. So ein knuddeliger alter Herr, der lieb schnurrt und viel schläft.

Ein bisschen, wie mein Walter war.

Katzen habe ich mittlerweile aus reiner Gewohnheit. Mäuse hat man ja heute kaum noch, jedenfalls nicht, wenn jeder ordentlich putzen würde. Seit die Meiser und die Berber im Haus wohnen, bin ich mir da nicht mehr so sicher. Meist haben sie noch ein, zwei schöne Jahre bei mir, bevor sie eingehen. Also, die Katzen. Die armen Seelen, die im Tierheim stranden, haben ja oft eine schlimme Geschichte hinter sich. Die Katzendame, die ich vorher hatte, hatte zum Schluss nur noch zwei Zähne. Ich habe ihr das Futter in der Moulinette püriert.

Ich nenne sie immer alle «Katze». Manchmal haben sie ja nur noch ein paar Monate, da lohnt sich das mit einem Namen nicht mehr. Und ich muss mich nicht ständig umgewöhnen. Wissense, im Alter behält man die neuen Dinge ja doch immer schwerer. Jede Katze ist eigen und sucht sich ihren eigenen Platz auf der Couch. Man muss immer aufpassen, wo man sich hinsetzt. Kirsten hat ein altersschwaches Hängebauchschwein namens Pumba in Pflege. Es darf auf dem Sofa schlafen und wird vom Tisch gefüttert. Ich glaube, ich muss nichts weiter dazu sagen, Sie können sich ja denken, was ich davon halte, nich? Das Mädel schafft mich. Früher, als Kind, hatte sie immer Wellensittiche. Sie sollte lernen, ein bisschen Verantwortung zu übernehmen. Der erste ist weggeflogen. Der zweite ist eingegangen, als Kirsten ihm die Krallen mit Nagellack bunt gemalt hat. Dass der dritte gestorben ist, dafür konnte Kirsten nichts. Der hat die Neige aus meinem Kornglas getrunken, ist gegen die Wand geflogen und wie benebelt zu Boden gefallen. So alt und träge die Katze auch war – sie war schneller. Sie hat eben einen Jagdinstinkt, da kann man gar nichts machen.

Ich mag ja die Natur. Aber letzten Sommer hat ein Pärchen krakeelender Piepmätze direkt vor meinem Fenster ein Nest bauen wollen. Ich sage Ihnen das jetzt im Vertrauen: Das Gezwitscher war nicht auszuhalten. Das Männchen sang und balzte, es hatte es wohl nötiger als Franz damals, wenn er von einer Dienstreise zurückkam. Ich bin ja bestimmt keine, die bis in die Puppen in den Federn liegt – aber wenn man um halb vier Uhr von den Vögeln geweckt wird, ist das selbst für mich zu früh. Ich habe drei Nächte lang immer wieder aus dem Fenster geguckt und «Schsch, Schsch!» gerufen, aber die ließen sich gar nicht stören. Am vierten Tag konnte ich beobachten, dass sie anfingen, Äste und Stroh ranzuschleppen. Sie hatten mit dem Nestbau begonnen! Es wurde allerhöchste Zeit. In der nächsten Nacht habe ich die Katze rausgelassen.

Es war schlagartig Ruhe.

Gertrud ist nicht so für Katzen, sie hat einen Hund. Sie sagt, der beschützt sie und gibt ihr ein Gefühl von Sicherheit. Da mag sie recht haben. Die Katze wird keinen Einbrecher in die Flucht schlagen. Allerdings wohne ich oben und schließe immer doppelt ab. Und an der neugierigen Meiser kommt ein Einbrecher auch nicht vorbei.

Gertrud hat einen riesigen Köter. Einen Doberschnauzer in Schwarz. Sie hat ihn aus dem Fernsehen, von «Tiere suchen ein Zuhause». Das Tier heißt Norbert. Norbert ist sehr lebhaft, kräftig und wild. Gertrud ist vom Spazieren immer völlig außer Atem. Im Grunde genommen geht Norbert mit Gertrud spazieren. Er sabbert und zieht an Gertrud, und sie hechelt durch die Straßen von Berlin. Und dann macht er überall hin, Gertrud hat zwar immer Tüten dabei, mit denen sie sein Geschäft einsammelt, aber wissense, da sie ihm alles Mögliche füttert, macht er manchmal auch ganz dünn. Das kann man dann gar nicht in das Beutelchen ... Sie wissen schon. Ich mag Norbert nicht und möchte nicht, dass Gertrud den Hund zu mir nach Hause mitbringt. Er tobt wie verrückt durch die Wohnung, Gertrud kriegt ihn nicht beruhigt, und er sabbert alles voll. Als er das letzte Mal hier war, hatte ich gerade die Schrankwand trocken gewischt – nur den losen groben Staub –, dann feucht abgeseift, mit Holzpolitur eingerieben und zweimal trocken nachpoliert. Wie man das so macht als ordentliche Hausfrau. Ich konnte gleich wieder von vorn anfangen, weil Norbert die Anrichte und meinen Schrank mit dem Speiseservice abgeleckt hat.

Gertrud wird seiner so gar nicht Herr. Was meinen Sie, was neulich los war, als er ihr weggelaufen ist? Sie war mit Norbert am Waldrand spazieren, und er hat wieder an der Leine gezerrt. Sie hatte gar keine Chance. Norbert riss sich los und tobte mit großen Schritten einem Hasen hinterher. Gertrud rief dann bei mir an. Ich habe dann alles an Ilse und Kurt weitertelefoniert: Ilse wollte erst nicht mit, weil der Hund sie mal so ungünstig angesprungen hat, dass sie sich beim Bohnenschnippeln in den Daumen geschnitten hat. Es war ein tiefer Schnitt, der heftig blutete. Damit ist nicht zu spaßen, wir mussten mit ihr zum Doktor. Da fragt der doch Ilse, ob sie Tetanus hat. Muskatnuss hat sie immer da, dass wusste ich. Aber Tetanus? Er meinte eine Impfung. Kurt hat in seinem Handgelenkstäschchen für den Notfall immer den alten SV-Ausweis dabei, und wir haben nachgeschaut:

Jawoll, sie war geimpft. 1964. Der Doktor meinte, dass das aufgefrischt werden kann.

Kurzum: Kurt und Ilse sind doch mit mir zum Wald gefahren. Wir sind ausgeschwärmt und haben Norbert gesucht.

Nach zwei Stunden hatten wir Kurt wiedergefunden, von Norbert jedoch keine Spur.

Den nächsten Tag bin ich dann mit Gertrud von einem Tierheim zum nächsten gefahren, und wir haben gefragt, ob ihn jemand abgegeben hat. Zweimal war sich Gertrud nicht sicher, aber die Hunde hörten nicht, wenn sie «Norbert» rief. Wobei das nichts zu sagen hat, Norbert selbst macht das nämlich auch nicht.

Als wir nach Hause kamen, saß Norbert auf der Treppe, kläffte, wedelte mit dem Schwanz und leckte Gertrud die Hände und das Gesicht. Es war ein bisschen ärgerlich, weil Gertrud sich im letzten Heim schon mit einer Katze angefreundet hatte.

Mein Walter, also mein vierter Mann, war passionierter Kaninchenzüchter. Er hatte im Hof hinterm Haus einen Verschlag für die Tiere. Sie glauben ja gar nicht, was man da für eine Wissenschaft draus machen kann. Ich hätte das nie für möglich gehalten. Wir haben damals fast jedes Wochenende Hasenbraten essen müssen, weil manche Karnickel nicht den Zuchtanforderungen genügten ... ich kann auf Jahre hinaus keinen Hasen mehr sehen. Nicht mal mit Rosenkohl. Sobald das Fell einen Stich ins Rötliche hatte oder eines der Pfötchen im falschen Winkel stand, war es nicht zum Ausstellen geeignet und wurde zum Braten freigegeben. Walter ist mehrmals im Jahr mit seinem Moped zu Ausstellungen gefahren. Er hatte einen Mopedanhänger, der nur für den Transport der Kaninchen gebaut war. Wenn er zurückkam, brachte er nicht nur Urkunden mit, sondern meist auch furchtbare Wandteller und Pokale. Ich musste dafür immer einen Platz suchen, wissense, und dabei waren die ollen Kruken so hässlich!

Als Walter vor zehn Jahren starb, habe ich seinem Sohn aus erster Ehe den ganzen Plunder mitgegeben. Er guckte erst gar nicht begeistert, aber ich habe gesagt: «Günter, der Vati hat immer gesagt, dass du die Ehrenpreise mal bekommen sollst. Es lag ihm so viel daran.»

Ich war froh, diese Staubfänger aus der Stube zu kriegen!

Einmal war ich mit zur Ausstellung, aber für mich war das nichts. Da sind wir natürlich mit dem Auto gefahren, nicht mit dem Moped. Walter hatte mir verboten, Seife, Haarspray oder gar Parfüm zu verwenden. Er sagte, von dem Duft würden die Rammler verrückt. Wir standen dann sieben Stunden zwischen Kaninchenkäfigen. Herren in blauen Kitteln gingen von Käfig zu Käfig und begutachteten die Tiere. Unsere schönste Häsin, die Angela, lag lange Zeit auf dem zweiten Platz. Mit ihren kräftigen Keulen hat sie die Preisrichter beeindruckt und viele Punkte gemacht. Der zweite Platz war prima, für den zweiten Platz gab es einen Wandteller aus Porzellan. Den würde ich schon klein kriegen! Im letzten Moment schnappten uns Herr Pichert und seine Ursula noch den Silberrang weg, und Angela wurde Dritte. Dafür gab es einen Pokal. So eine Art Eisbecher mit Deckel, wissense. Aus stabilem Blech. Ich war enttäuscht. Walter dachte wegen des dritten Platzes. Der Gute. So naiv!

Wenn ich mit Gertrud in den Park gehe, will sie immer Schwäne füttern. Aber wenn schon, dann die Enten.

Wenn wir die bis Weihnachten fett kriegen! Ich habe so ein schönes Rezept für Entenbraten. Schwan soll ja eher tranig schmecken.

> Gertrud will mit mir zum Seniorenturnen. Die spinnt wohl. Ich bin 82, da bin ich froh, wenn ich vom Schuhebinden wieder hoch bin.

Wer rastet, der rostet, sagt man immer. Da ist was dran. Wissense, ich bin wirklich aktiv und immer viel unterwegs. Wenn ich mal zwei Abende am Stück zu Hause bin, fällt mir schon die Decke auf den Kopf. Frau Doktor sagt auch immer, ich soll in Bewegung bleiben und nach dem Essen erst ruhen und später ein paar Schritte gehen.

Groß Sport mache ich nicht. Ab und an gehe ich schwimmen. Aber nicht, wenn Kinder da rumtoben, sondern Freitag ab 13 Uhr. Dann ist Seniorenschwimmen und die Halle extra für uns Ältere gesperrt. Diese Hektik, wenn so ein Sportler durchs Wasser pflügt – nee, das ist nichts mehr für mich. Man will sich ja beim Schwimmen auch ein bisschen unterhalten und nicht den Weltrekord brechen. Man muss auch in unserem Alter keinen Zweiteiler mehr tragen. Sprechen Sie Gertrud gerne mal darauf an, auf mich hört sie ja nicht. Aber bitte, jeder nach seiner Façon. Ich bleibe auf jeden Fall bei meinem Badeanzug. Für die Aquagymnastik habe ich einen neuen angeschafft, ein klassisches Modell, ich trage da seit 1960 den gleichen Schnitt. Denken Sie nur: Als ich gerade in der Kabine stand, ging plötzlich die Toilettenspülung los. Sie glauben ja gar nicht, wie man da erschrickt. Es war aber nur die Klingel vom Tomatentelefon, die Stefan verstellt haben muss. Dieser Rüpel! Stellen Sie sich nur vor, das wäre am Sonntag im Gottesdienst passiert! Nicht auszudenken. Wo Pfarrer Keifert sowieso schon ein Auge auf mich hat. Aber da mache ich mir gar nichts draus. Dem fällt nämlich auch nichts Neues ein, jede Woche hält er die gleiche Predigt. Wenn mir langweilig ist, ja, dann hole ich eben mal mein Händi raus und schaue, was es bei Twitter gibt. Wenn er dann meint, er müsste seine Predigt unterbrechen und «Frau Bergmann, nun packen wir aber mal das Telefon ein» sagen – bitte. In meinem Badeanzug jedenfalls muss ich mich nicht schämen. Ich habe noch eine Badekappe von meiner Mutter, die halte ich in Ehren.

Dann war der Kurs in Aquagymnastik ran. «Wasserdisco», wie Kurt immer sagt. Frau Doktor Bürgel hatte dazu geraten, und die Krankenkasse hat den Kurs bezahlt – da sagt man doch nicht nein.

Ilse und ich gingen in die Damenumkleide, Kurt zu den Herren. Wir zogen uns um, gingen in die Schwimmhalle und warteten auf Kurt. Da heißt es immer, Frauen brauchen so lange, aber kein Kurt weit und breit. Er hatte in der Umkleidekabine seinen ehemaligen Kollegen Paul getroffen, und die beiden schnackten über Fußball. Man konnte nur mit dem Kopf schütteln.

Männer tratschen mehr als Frauen, ich sach es Ihnen ja nur.

Wir sind ein paar Runden gemütlich geschwommen, und dann ging die Aquagymnastik los. Die Kursleiterin hieß Tanja. Ein drahtiges Persönchen mit lauter und kräftiger Stimme. Sie ging nicht selbst mit ins Wasser, sondern blieb am Beckenrand stehen. So hatte sie uns immer im Blick, und wir konnten nicht schummeln. Wir mussten trampeln und strampeln und Wellen machen und ach, was weiß ich nicht alles. Wir mussten eine Wurst aus Schaumgummi zwischen die Beine klemmen und darauf reiten. Sie glauben gar nicht, wie dumm man sich dabei vorkommt. Ilse rutschte immerzu von ihrem Gummitier. Fräulein Tanja guckte schon böse und schimpfte. Sie hatte es auf Ilse abgesehen und rief, sie müsse sich mehr konzentrieren. Wir sollten alles genau so nachturnen. Dazu lief Bumsmusik vom Band, ganz laut, und Frau Tanja sang dazu schief und laut «Bebie ei leik it». Sie musste ihre Anweisungen schreien, damit wir sie überhaupt hören konnten: «Und acht, sieben, sechs ...» Nee. Ich hatte schon nach ein paar Minuten keine Lust mehr.

Bei Ilse klappte es schon deshalb nicht so gut, weil sie links und rechts nicht auseinanderhalten kann. Unmöglich. Was wir schon gelacht haben! Wissense, Kurt hatte in den letzten zwei Jahren 14 kleine Unfälle mit dem Auto. Nichts Schlimmes, alles nur kleine Blechkollisionen ohne Personenschaden. Gut, im Mai hat er beim Einparken einen Hund überfahren. Er war aber schon alt. Ich tippe, die Hälfte der Unfälle geht auf Ilse zurück und dass sie rechts und links immer falsch ansagt. Das kann man Kurt nicht allein anlasten.

Sie haben den Wagen jetzt auf Ilse umgemeldet, damit die Versicherung nicht so teuer wird. So sollte es erst mal ein paar Jahre gehen. Wenn es wieder teurer wird, melden wir den Koyota auf mich an, das haben wir schon ausgemacht. Ich bin noch blütenrein bei der Versicherung.

Fräulein Tanja gab Ilse Tipps, wie sie die Gummiwurst besser zwischen die Beine klemmen kann. Sie rief laut, sie hätte kein Rhythmusgefühl und solle sich mehr Mühe geben. Ilse weinte schon fast. Zum Glück war der Kurs bald um, und wir gingen uns umziehen. Ilse war etwas besorgt, ob Kurt allein bei den Männern wohl das Richtige wieder anzieht, und kontrollierte deshalb seine Sachen: Die Hose und das Hemd waren richtig, auch die Unterhose, aber die Socken gehörten ihm nicht. Kurt behauptete, die hätten in seinem Spind gelegen. Wir ließen es auf sich beruhen und fuhren los.

Schwimmen gehen wir regelmäßig, aber bei der Aquagymnastik machen wir nur mit, wenn Tanja Urlaub hat. Die Vertretung, der Herr Björn, ist viel netter und schreit Ilse auch nicht an.

Beim Sport gibt es auch Moden, wie überall im Leben. Man muss nicht jeden Quatsch mitmachen. Ein paar Damen aus meinem Seniorenverein machen Nordischwokking. Die rennen bei 30 Grad Hitze mit Skistöcken durch den Wald, wissense, denken die Leute überhaupt nach? Wir sind immer so gern gewandert an der frischen Luft und haben dabei gesungen, schöne alte Volksweisen. Aber seit die mit den Skistöcken durch den Wald rennen, gehe ich nicht mehr mit. Sie wokken immer dienstags und trinken hinterher noch Kaffee in «Reginas Café». Einmal gab es richtig Ärger, da sind ihnen Herren vom Naturschutzbund gefolgt und haben geschimpft, weil sie seltenes Moos zerstören. Herr Abendrot hatte an seinem Skistock sogar noch eine Kröte hängen, die er durchstochen hatte – zum Glück haben die Naturschutzherren das nicht gesehen.

Bei uns im Seniorenzentrum bieten wir auch Turnen an. Wissense, ich bin ja im Vorstand, da muss ich Vorbild sein und ab und an hingehen. Regelmäßig schaffe ich es nicht, dafür haben auch alle Verständnis, aber mindestens einmal im Monat muss ich mich da blicken lassen. Sonst heißt es: «Die Bergmann ist gar nicht engagiert dabei, die wählen wir nicht noch mal.» Das ist mehr Haltungsturnen, eben Seniorensport. Viel machen wir da im Sitzen. Ein paar Lockerungsübungen, ein bisschen die Koordination trainieren. Hin und wieder werfen wir uns einen Schaumstoffball zu und rufen unsere Namen, das trainiert das Gedächtnis. Da kann jeder mitmachen, man muss sich auch nicht groß umziehen. Beim ersten Mal bin ich mit meinen Ballettschuhen hingegangen, die ich noch aus meiner Zeit als Funkenmariechen vom Tanztraining habe. Aber das ist nicht nötig, das ist mehr Rückenschule als Sport. Gerade, dass man beweglich bleibt und nicht zu viel Fett ansetzt. Die Frau, die den Kurs leitet, macht sonst Physiotherapie. Es ist fast wie dieses Yoga, was Kirsten immer macht. Sie hätte ihre Freude.

Aber wir turnen nicht nur im Seniorenverein, wir feiern auch.

> Wir werden 28 Personen sein beim Kaffeetrinken. Da werden wir doch wohl mit 18 Torten hinreichen?

Ich bin noch nicht lange im Seniorenverein. «Das ist was für alte Leute», dachte ich immer. Ilse und Kurt sind da schon hin, als sie gerade 60 waren, ich trat erst mit 80 bei. Sie haben mich auch gleich bei der nächsten Versammlung in den Vorstand gewählt. Eine Renate Bergmann ist eben kein Mitläufer. Als Erstes habe ich vorgeschlagen, den Sportnachmittag einzuführen. Das wird ganz prima angenommen. Wir machen auch Vorträge zu Hundeerziehung, Computer, Schutz vor Einbrüchen und richtige Ernährung im Alter. Dann natürlich Bustouren, Backnachmittage, Kuchenbasare. Sie kennen das ja. Und einmal im Jahr organisieren wir das

Sommerfest im Altersheim. Da bin ich nicht ganz uneigennützig, wissense. Man muss doch den Tatsachen ins Auge sehen, Kurt ist 87, Gertrud, Ilse und ich sind 82. Wenn man die Heimleiterin kennt, kann das über kurz oder lang nur von Vorteil sein – heute geht doch alles nur über Beziehungen.

Letzten Juli hatten wir prächtiges Wetter für unser Fest erwischt. Wir fingen gegen drei mit einer Kaffeetafel an. Kurt und Ilse holten mich nach dem Mittag ab, ich hatte mir nur schnell eine Dose Polonaise aufgemacht.

Davor hatte ich tagelang mit Ilse gebacken. Das war ein Theater! Ich hatte gerade den neuen Herd bekommen. Beim alten habe ich immer 180 Grad eingestellt, und dann war gut. Nach der Hälfte der Backzeit habe ich nachgeschaut und zum Ende hin das Blech umgedreht, so wurde alles schön gleichmäßig goldbraun. Aber die neue Höllenmaschine hat blinkende Zahlen, wohin man nur guckt. Tausend Programme, für jeden Kuchen was extra. Aber was Einfaches mit AN und AUS gibt es ja gar nicht mehr. Ich habe 45 Grad eingestellt und 180 Minuten, das war natürlich verkehrt. Nach drei Stunden hatte ich lauwarmen Eierback. Und dann noch Ilse dazwischen, die mir aus der Gebrauchsanweisung vorlas, ach. Am Ende ist aber doch alles gutgegangen: Wir waren 28 Personen zum Kaffee und hatten 18 Torten. Ich hatte ein bisschen Sorge, ob es reicht, aber Kurt meinte, bei der Hitze würde nicht so reichlich gegessen. Trotzdem tauten Ilse und ich zur Sicherheit noch zwei Bleche Bienenstich auf. Wissen Sie, Hefekuchen habe ich immer eingefrostet, falls mal unvorhergesehener Besuch kommt oder wenn der Kuchen knapp wird, wie jetzt.

Kurt fuhr mit den Torten im Koyota noch vorsichtiger als

sonst. Ich hatte überlegt, ein Schild an die Heckscheibe zu kleben: «Empfindliche Torten an Bord». Heutzutage kleben doch die Leute alle möglichen Schildchen an das Auto, die Namen ihrer Kinder zum Beispiel. Unser Vater brauchte unsere Namen früher nicht an den Pferdehänger schreiben, er wusste sie auch so. Wenn ich das heute schon sehe: «Vivien-Cheyenne an Bord» oder «Cedric-Pascal fährt mit». Meine Güte. Sollen sie sie eben Uwe oder Sabine nennen. DAS kann man sich merken!

Dreimal musste Kurt zum Heim fahren, dann waren alle Kuchen da. Auf ihn ist eben Verlass. Ich hätte ja erwartet, dass Gertrud mal von sich aus sieht, dass wir beim Aufschneiden Hilfe brauchten, aber sie hatte schon wieder einen Herrn am Arm und kicherte so künstlich. «Wie eine läufige Hündin», dachte ich bei mir. Sie war extra beim Friseur gewesen und war auftoupiert wie das Biest aus «Denver Clan», nur in Weiß. Ich musste sie zweimal rufen, bis sie kam und half. Dabei schnitt sie die Stücke viel zu groß und leckte das Messer ab. Man musste sich schämen.

Frau Busch hatte ihre Sammeltassen mitgebracht und die Kaffeetafel damit eingedeckt – wunderhübsches Geschirr, das schon seit Generationen in Familienbesitz ist. Zum Teil waren das sehr schöne Gedecke, ganz hochwertiges Porzellan. Da habe ich einen Blick für. Ich legte die Kuchengabel unauffällig so auf meinen Teller, dass ich die Marke unter der Tasse beim Trinken im Spiegelglanz sehen konnte. Ich tippte auf zwei gekreuzte Schwerter für Meißen, doch was ich sah, war ein aufgeklebtes Pflaster, auf dem «ETU» stand. Die Tochter von Frau Busch heißt UTE. Sie hatte die Tasse mit Namen markiert! Herrje. Noch so eine, die bis zum Teelöffel hin regelt, wer mal was erben soll. Ich finde so was furchtbar. Ich nahm Frau Busch beiseite und gab ihr einen Hinweis, dass sie den Heimbewohnern mit Parkinson die Tassen mit dem Sprung gibt. Es wäre doch zu schade um das kostbare Geschirr. Erst recht, wo die Erbfolge schon feststand. Hihi.

Wir brühten den Kaffee mit der Hand, weil jeder sowieso nur eine Tasse echten Bohnenkaffee darf, wissense; das ist keine große Arbeit und schmeckt doch viel feiner als der Kaffee aus dem Automaten. Wir hatten auch Schonkaffee und Kräutertee. Die Kannen markierte Ilse mit Kreuzchen, aber beim Eingießen wusste keiner mehr, ob das Kreuz nun echter Bohnenkaffee oder Schonkaffee war – es war ja auch egal, schließlich war ein Festtag, und wir schlagen alle mal über die Stränge.

Alle lobten unseren Kuchen, aber es wurde nicht viel gegessen. Kaum, dass jeder drei Stücke verdrückt hat. Und dabei hatten wir schon so schmale Streifen geschnitten!

Nach dem Kaffeetrinken saßen wir gemütlich mit den Senioren aus dem Heim zusammen und plauderten. Die anderen Vorstandsmitglieder hatten im Vorfeld dafür plädiert, dass Kinder singen, aber ich konnte das verhindern. Außerdem weiß nie jemand, wie lange das alles dauert, wann genau es Essen gibt und wann jeder seine Medikamente einnehmen muss. Wenn ich Kindergesang verhindern kann, mache ich das auch. Wozu bin ich schließlich Vorstand, nich? Es geht doch hauptsächlich darum, dass die alten Leutchen mal ein bisschen Abwechslung kriegen und man ins Gespräch miteinander kommt. Die Frau Manz zum Beispiel erzählte, dass sie jetzt einen Elektrorollstuhl hat. Er hat zwei Geschwindigkeiten: «Schnecke» und «Häschen». Im Haus darf sie nur «Schnecke» fahren, seit sie gegen die Glastür gebumst ist. Es ist eigentlich eine automatische Tür, die von allein aufgeht. Aber wenn sie «Häschen» fährt, ist das Gerät so schnell, da ist die Tür nicht schnell genug. Sie war noch halb geschlossen, als Frau Manz dagegengeprallt ist. Bei dem Stoß hat sie sich die Schulter geprellt, und die Tür ist kaputtgegangen. Ein Monteur musste kommen, die Elektronik neu einstellen, und Schwester Amalie musste Frau Manz eine Woche lang die Schulter einreiben. Jetzt haben die Schwestern im Flur die Geschwindigkeit auf «Schnecke» begrenzt, und sie darf nur draußen im Park «Häschen» fahren. Aber nur, wenn keiner von rechts kommt.

Und der Herr Baldermann erzählte, dass jetzt jede Woche Schüler mit Besuchshunden aus dem Tierheim vorbeikämen. Jeden Mittwoch setzen sich alle im Kreis in den Park und streicheln die Tiere. Wie im Kindergarten oder bei der SPD, nee! Frau Schneider war auch unzufrieden, sie hat grundsätzlich Angst vor Hunden. Wie das so ist, ein Tier spürt das, und der Hasso (ich nenne alle Hunde Hasso, außer Norbert) wollte ausgerechnet mit ihr toben. Na ja, toben. Wie das so ist, wenn ein großer Hund eine alte Oma über die Wiese schubst. Dabei hat er ihr in den Rollstuhlreifen gebissen, und der Hausmeister Detlef musste ihn flicken. Die Kasse will nun den neuen Schlauch nicht bezahlen, und das Tierheim will auch nicht aufkommen für den Schaden. Frau Schneider macht jetzt beim Streicheln nicht mehr mit.

Ich habe mich gut unterhalten, aber was soll ich Ihnen sagen? Gertruds Glas wurde den ganzen Nachmittag nicht leer. Gegen fünf gab es einen merkwürdigen Zwischenfall. Frau Ganter war im Treppenlift gefangen und fuhr über eine Stunde zwischen dem zweiten und dritten Stock hin und her. Das Teufelsgerät hielt einfach nicht an, sie konnte nicht aussteigen! Und dabei musste sie doch so nötig pullern! Als der Elektriker endlich kam, sagte er, dass Wasser in die Schaltung gekommen ist. Wasser! Dass ich nicht lache! Ich habe noch immer Gertruds Bowle im Verdacht. Bestimmt ist sie in ihrem Übermut auf den Knien irgendeines Galans hoch und runter gerauscht. Oder Ilse hat mit ihren Spülhänden angefasst. Sie hat nämlich Frau Busch beim Spülen der Sammeltassen geholfen, wissense. Die darf man nicht in die Geschirrwaschmaschine stellen. Sonst leiden das Dekor und die Pflaster mit den Erbinformationen.

Nachdem Frau Ganter befreit und ausgetreten war, wurde es Zeit, den Grill anzufeuern, bevor noch jemand unterzuckerte. Dafür war Kurt zuständig. Er teilte sich die Aufgabe mit Herbert Wischer, der die Würstchen beigesteuert hatte. Herbert war früher Fleischer, jetzt hat der Sohn die Metzgerei. Ich kaufe da gern, da kriegt man auch noch Kutteln und Nierchen, so was finden Sie im REWE ja nur ganz selten.

Wie es dann genau passiert ist, kann ich Ihnen gar nicht sagen. Die Herrschaften vom Lokalfernsehen waren gerade angekommen und bauten ihre Kamera auf. Sie wollten im Stadtkanal über unseren Seniorennachmittag berichten. Ich zeigte dem Fräulein Redakteurin auf dem Händi gerade Fotos von der Busfahrt ins Allgäu, da gab es ein lautes, puffendes Geräusch. Es war so ein dumpfes «Wuff», ein bisschen auch «Wumm». Ich kann das gar nicht beschreiben, es ging so schnell. Ich bin ja sowieso nicht für offenes Feuer und esse lieber Fleisch aus der Pfanne. Ich wusste immer, dass mal was passiert. Man muss Spiritus nehmen, das weiß ich. Aber über die richtige Menge wurde an dem Abend noch lange diskutiert. Es ist zum Glück nichts Schlimmes passiert. Kurts Augenbrauen waren leicht angesengt, die Nasenhaare auch. Die Schürzen hatten Schlimmeres verhindert. Sonst hätte es bei den kurzen Hosen wohl auch für die Beinhaare düster ausgesehen. Hausmeister Detlef übernahm auf den Schreck das Grillen. Kurt war zwar beleidigt und weigerte sich, ihm die Schürze auszuhändigen, aber lieber ein Ende mit Schrecken als ein Schrecken ohne Kurt. Nee, wartense mal. Als ein Ende ohne Kurt. Na egal. Ilse weinte jedenfalls den Rest des Abends. Stundenlang hat sie «Was hätte nicht alles passieren können» geschluchzt. Kurt hat sich mit Bowle getröstet, er und Gertrud prosteten sich ständig zu. Nee!

Das Essen war prima. Alle langten tüchtig zu. Als Gertrud in der Besuchertoilette auf den Lichtschalter drückte, um in den zweiten Stock zu fahren, war es Zeit für uns, zu gehen. Kurt konnte natürlich nicht mehr fahren, und wir mussten ein paar Schritte bis zur U-Bahn gehen. Er pfiff seinen Lieblingsmarsch «Alte Kameraden», Ilse und ich hatten Gertrud in die Mitte genommen und untergehakt. Ich musste an den Abend nach Wagners goldener Hochzeit denken, als Kurt nur kurz austreten wollte und nicht wiederkam. Damals fanden wir ihn kriechend im Straßengraben, wo er über die Berge in unserer Gegend geschimpft hat. Dieses Mal hatte ich einen besonderen Blick auf ihn, aber alles ging gut, wir kamen komplett am U-Bahnhof an. Gertrud machte ein lautes Bäuerchen, und als Ilse sich darüber mokierte, sagte sie nur schroff: «Seid mal froh, dass es nicht hinten rauskam.»

Es war ein schönes Fest.

> Im Sommer wartet Kurt ja meist draußen, wenn Ilse und ich einkaufen, aber im Winter passt er an der Schnellkasse auf, dass keiner zu viel hat.

«Ich brauche für meine Kochbücher ein Regal in der Küche. Nur so ein einfaches Regal, hier oben, schau …»

Ilse stellte sich hin und breitete die Arme aus. Sie stand in ihrer Küche und lehnte sich an die Wand wie Jesus ans Kreuz. «Eins fuffzich breit», sagte sie trocken. «Das wird genau ausgemessen!», entgegnete Kurt und holte seinen Werkzeugkasten. «Eins fuffzich. Sag ich doch», triumphierte Ilse, die ihm über die Schulter geschaut hatte und das Maß ablas. «Und wo kriegen wir so was her? Teuer darf das aber nicht sein! Lass uns doch mal zu diesem Ikea fahren! Dann kommen wir auch mal raus.» Kurt war knurrig. Wenn Ilse recht behält, kann er das schlecht verknusen.

Ich kannte das aus dem Fernsehen und von jüngeren Leuten, die moderner eingerichtet sind. Dass es da auch was für Kurts und Ilses Geschmack geben sollte, konnte ich mir nicht recht vorstellen. Aber wissense, neugierig war ich doch.

Auf dem Hinweg begann das Desaster schon. Wir fuhren mit dem Koyota gemütlich Richtung Möbelhaus, da hupte es hinter uns. «Nur nicht nervös machen lassen, Kurt», redete Ilse ihm zu und strich Kurt beruhigend über die Schulter. Ich schaute mich um und sah so einen jungen Schnösel, der hinter der Scheibe wild gestikulierte und ganz dicht hinter uns fuhr. Ich schimpfte ihn mit dem Zeigefinger, aber das machte ihn nur noch wilder.

Als Kurt auf dem Parkplatz angehalten hatte, bekam Ilse ihren Gurt nicht los. Sie drückte und klickte an dem Schalter – er war einfach nicht zu öffnen! Als ob das nicht schon Aufregung genug gewesen wäre, stand plötzlich der junge Schnösel neben uns und brüllte Kurt an. «Alda, wann hast du denn deinen Führerschein gemacht? Vor dem Krieg? ARBEITEST DU ALS EHRENAMTLICHER STAUANFÜHRER ODER WAS? DU PENNER!» Er stieß mit dem Fuß gegen den Reifen und wütete davon.

Die jungen Leute heute haben einfach keine Geduld mehr. Rücksicht auf ältere Verkehrsteilnehmer ist für viele ein Fremdwort. Unverschämt. Dabei haben wir dieses Land erst aufgebaut! Ich hätte dem gern mal die Meinung gesagt und Kurts Führerschein gezeigt. Der ist nämlich keineswegs von vorm Krieg, sondern wurde 45 von den britischen Besatzern ausgestellt. Was meinense, wie die Polizisten immer gucken, wenn Kurt ein-, zweimal im Monat in eine Kontrolle gerät.

Aber wir hatten ja ein noch viel größeres Problem: Ilse hing noch immer fest und wurde langsam ungeduldig. Wir bekamen sie doch partout nicht abgeschnallt. Das war schon mal, als Gläsers den Wagen neu hatten. Damals mussten wir in die Werkstatt zurück, und der Meister hat Ilse abgebunden. Aber das Koyotahaus war über eine Fahrstunde weit weg; es musste doch eine andere Lösung geben. Ich wollte schon beim ACDC anrufen – wozu bezahlt man schließlich Beitrag, nich? –, da holte Kurt sein Taschenmesser raus und ließ die Klinge blitzen. Zack, mit einem beherzten Schnitt hatte er den Gurt durchtrennt und hielt Ilse wie ein galanter Kavalier den Arm zum Aussteigen hin. «Komm, mein Mäuschen, wir gehen einkaufen!», sagte er fast liebevoll, als er das Messer zuklappte. Während wir in den Möbelmarkt gingen, schob er ein entschiedenes «Habt ihr den Rüpel eigentlich auch erkannt? Der hat mal gegen Henry Maske geboxt» hinterher.

Ich habe mich lieber darauf konzentriert, wo genau der Wagen steht (bei Nilpferd blau, merken Sie sich das). Ich wollte nicht wieder so ein Theater erleben wie im Frühjahr, als wir im Pflanzenmarkt waren. Wohl bald eine Stunde haben wir das Auto gesucht, und als wir endlich dachten, wir hätten es gefunden, passte der Schlüssel nicht. Seitdem mache ich ein Foto von der Umgebung mit dem Händitelefon.

Ich suchte nach einem Einkaufswagen, konnte aber nirgendwo einen finden. Wir schlenderten also wagenlos durch die Möbelausstellung. Du liebe Zeit, überall moderner Kram! Genau wie wir es uns gedacht hatten. Für junge Leute mag das was sein, aber wir Älteren sind doch anders eingerichtet und haben einen gediegeneren Geschmack. Alles bunt und aus Stoff und überall Blümchen drauf, nee! Die ganze Halle war verwinkelt wie ein Labyrinth. Ilse ließ Kurt nicht von der Hand. Nicht auszudenken, wenn er hier ausgebüxt wäre, wir hätten ihn nie wiedergefunden. Einmal wussten wir gar nicht weiter, da sind wir in einer Sackgasse gelandet. Kurt klopfte an eine Schranktür und schaute hinein, man weiß ja nie. Aber da ging es auch nicht weiter. Also gingen wir zurück. Als wir die Kinderabteilung durchquert hatten, war das Schlimmste überstanden. Ein Geplärre und Gekreische, ich war froh, dass es nach ein paar Ecken vorbei war. Danach kamen wir endlich zu den Regalen. Deshalb waren wir schließlich hier.

Die Regale waren spiegelglatt, klobig und federleicht. Sie sahen nicht sehr stabil aus. Es gab sie in Schwarz, Weiß und Knallrot. «Ilse, da sieht man jeden Staubflusen drauf», gab ich zu bedenken. Ilse musste aber gar nicht überzeugt werden, sie schüttelte von allein den Kopf. «Das klotzige Troll kommt mir nicht ins Haus!»

Kurt hatte sein Taschenmesser ausgeklappt und kratzte damit am Regal rum. «Kurt!», rief Ilse mahnend. Er hatte die Sägeklinge ausgeklappt und ließ die Späne rieseln. «Alles nur ganz billige, hohle Pappe. Sägespäne mit Holzleim. Das fällt zusammen, wenn nur ein Holzwurm hustet», brabbelte Kurt, während wir ihn weiterzogen.

Als Nächstes kam die Abteilung mit Geschirr, Töpfen und Kerzen. Es gab immer noch keine Körbe, aber Bleistifte und große gelbe Taschen. Die Bleistifte waren kostenlos! Ich habe unauffällig ein paar Handvoll eingesteckt. Die liegen jetzt in der Schublade rum, wissense, die sind so kurz, damit kann ich mit meiner Arthritis gar nicht schreiben. Sehr ärgerlich. Wollen Sie ein paar?

Ich kaufte schließlich doch was. Eine Renate Bergmann fährt schließlich nicht ziellos in der Weltgeschichte rum: Kerzen, die ganz lieblich nach Vanille dufteten, Teelichter und Zimmerpflanzen. Die Kerzen musste ich eine Woche später leider ausrangieren, weil der Kater wild fauchte und Durchfall bekam, wenn sie brannten. Gertrud bekam rote Pusteln, als sie mich besuchte, und ich hatte Kopfschmerzen. Das war mir nicht ganz geheuer. Ich wollte sie erst weiterverschenken, aber eine angebrannte Kerze macht doch keinen so guten Eindruck. Ich brenne sie im Herbst als Grablicht auf Wilhelms Grab ab, wissense, da kommt meist der Ostwind, und der Geruch fällt nicht so auf.

Die Zimmerpflanzen waren auch ein Reinfall. Eine ging nach nur einer Woche ein. Die andere war robuster. Es war eine Orchidee. Als die Blüten nach einem viertel Jahr noch nicht abgeblüht waren, schaute ich sie mir genauer an: Sie war aus Kunststoff. Ich hörte auf, sie zu gießen, und besprühte sie auch nicht mehr jeden Tag.

Ilse und Kurt kauften einen Fußabtreter, einen Teigschaber und einen Toilettenpapierhalter für die Badestube. Nachdem wir bezahlt hatten, ging die Uhr auf zwölf, es war Zeit zum Mittagessen. Wir brachten erst unsere Einkäufe ins Auto, wissense, an der Kasse hat man uns unsere gelben Taschen nämlich wieder weggenommen. Wir sollten sie in Blaue umtauschen und bezahlen! Die nehmen einem das Geld aber auch überall ab. Ich hielt meine Bleistifte in der Handtasche fest und lächelte unschuldig. Nicht, dass die sich das doch noch überlegten und Geld dafür verlangten.

Das Auto fanden wir gleich wieder, wir waren bei B6, Nilpferd blau. Wussten Sie das noch?

Dann kehrten wir in das Restaurant ein und staunten. Alles war sauber und machte einen sehr guten Eindruck. Wir hatten nicht reserviert, bekamen aber trotzdem gleich einen guten Tisch. Ilse schaute sich um und bemerkte: «Selbstbedienung. Das kennen wir schon.» Ja, das war wie bei dem Bürgerrestaurant, in dem wir Klopsbrötchen und Pommies gegessen hatten. Es hatte alles komische Namen. Wasaknapala, Hötröpö oder Färäplänn. Hörense mir bloß uff. Wir nahmen unsere Tabletten ein und beobachteten die anderen Gäste. Die meisten nahmen Kartoffelstampf mit heller Soße und Fleischklößchen drin. Das sah gut aus, dafür entschieden wir uns auch. Wir nahmen uns ein Tablett, und Kurt zeigte auf den Topf hinter der Theke, um so zu bestellen.

«Köttbullar», sagte die Bedienung.

«Ick werde Ihnen gleich. Kotzpuller? Werdense mal nicht unverschämt! Dreimal bitte von dem Kartoffelbrei mit den Klößchen. Und drei Sprudel.»

Die Bedienung guckte ein bisschen geknickt und füllte unsere Teller. Ich erinnerte mich an Gertruds alten Trick, eine Variante von Kurts. Sie fragt in der Gaststätte die Kellnerin immer, ob ihre Oma nicht Frieda Zeisig heißt und ob sie nicht 1950 nach Weimar geheiratet hat. Meist sind die Mädelchen dann so verwirrt, dass sie sich verrechnen und wir weniger bezahlen. Es klappte auch heute, die Bedienung vergaß den Sprudel und berechnete uns nur die Kot… Köt… die Klößchen. Wir balancierten unsere Tabletts zum Tisch zurück und aßen. Es schmeckte gut, da konnte man nicht meckern. Ich hätte es zwar Königsberger Klopse genannt und nicht Kotzpuller, aber bitte. Andere Länder, andere Sitten. Es heißt eben überall ein bisschen anders, wissense, der Bayer kennt unsere Buletten auch nicht. Er sagt Fleischpflanzerl, und der Schwabe sagt Küchle. Da muss man dem Schweden auch seine Kötzbuller Klopse zugestehen.

Es war reichlich und gut.

Ilse musste auf der Rückfahrt hinten bei mir im Koyota sitzen, da Kurt ja ihren Gurt abgeschnitten hatte. Komischerweise ließ er sich jetzt ganz einfach aus der Verstöpselung lösen. Kurt wollte in die Werkstatt fahren und den Gurt erneuern lassen, aber wissense, was das wieder gekostet hätte? Bei Ersatzteilen langen die ja immer kräftig zu. Uns fiel aber auch keine Begründung ein, mit der wir das bei der Versicherung hätten abwickeln können. Seit Gläsers den Wagen auf Ilse umgemeldet haben, sind die sowieso misstrauisch geworden. Ilse hat den Gurt deshalb einfach mit ein paar Stichen wieder zusammengeheftet.

Kurt fährt ja vorsichtig.

So *jung*
kommen wir nicht mehr zusammen.

> Ilse hat meinen selbstgemachten Eierlikör mit Primasprit gekostet und rutscht jetzt im Flur das Geländer runter.

Die Adventszeit ist für mich die schönste Zeit des Jahres. Wenn überall die Kerzen leuchten – ach, da wird mir ganz warm ums Herz. Wissense, den Sommer über habe ich fast jeden Tag auf dem Friedhof mit Gießen zu tun. Dann kommt der Herbst, da muss bis Totensonntag alles winterfest gemacht werden. Danach habe ich endlich Zeit und mache es mir richtig gemütlich. Im Advent sind aber schon die ganzen Weihnachtsfeiern der Vereine, Sie kennen das bestimmt auch. Ich lade in dieser Zeit auch alle Freunde und Bekannten zu Tee und Gebäck ein. Man hat schließlich seine Verpflichtungen. Natürlich backe ich die Plätzchen selbst, meist schon Ende Oktober. Ich backe jedes Jahr an die 40 Bleche. Das dauert zwei Tage, und da stört mich besser keiner, da bin ich sehr eigen. Gut Ding will Weile haben. Der Teig wird mit der Hand geknetet und muss danach seine Zeit ruhen. Beim Verzieren bin ich auch sehr genau, wissense, einfach Schokolade darüberkleckern – das gibt es bei einer Renate Bergmann nicht. Bei mir ist ein Keks wie der andere, jeder ein kleines Kunstwerk. Gertrud zum Beispiel sammelt das Jahr über die Nüsse aus den Ferrero-Küsschen und bringt sie mir im Herbst. Ilse versucht jedes Jahr, mir ihre Mehrfruchtmarmelade aufzuschwatzen. Sie kennt mich jetzt an die 70 Jahre und weiß genau, dass ich noch nie mit Marmelade gebacken habe. Schon gar nicht mir ihrer Mehrfruchtpampe. Nee. Also wirklich nicht.

Eine Verwendung habe ich aber doch dafür: Es gibt ja jetzt diesen neumodischen Amifeiertag, dieses Halloween. So ein Blödsinn. Die Kinder klingeln und schreien einem «Süßes oder Saures» durch die Klingel – was habe ich mich erschrocken, als das damals losging. Aber ich habe mich arrangiert und halte immer kleine Schnittchen mit Ilses Mehrfruchtmarmelade bereit. Wenn die Kinder dann «Süßes oder Saures» rufen, biete ich die an. Da haben sie beides in einem.

Von Hektik lasse ich mir die Adventszeit nicht verderben. Manche rennen ja erst im November los und kaufen Weihnachtsgeschenke, das muss man sich mal vorstellen! Ich kaufe, wenn ich was sehe, und packe es in mein Vertiko. Die Weihnachtsgeschenke habe ich spätestens im Mai zusammen. Was man hat, hat man, sage ich immer. Und auch mein zweiter Mann Franz hat immer gesagt: «Renate, wenn es kein Brot frisst, kauf es.» Ich sehe gerade, dass Franz mein dritter Mann war. Entschuldigen Sie. Dieses Frühjahr gab es im KIK so feines Parfüm, das kostete gerade 2,50 €, machte aber richtig was her. Wunderbar. Habe ich gleich mitgenommen und weggelegt. Oder für Stefan eine schöne Handgelenkstasche. Er wird sich bestimmt freuen.

Ja, so füllt sich das Schränkchen immer stetig lang hin, und man hat auch nicht so viele Ausgaben auf einen Schlag. Ich stricke und häkele auch gern. Handarbeiten waren schon immer eine Leidenschaft von mir. In der letzten Zeit ist es wegen Twitter und Fäßbuck allerdings ein bisschen weniger geworden. Ich finde es immer schade, wenn noch gute Sachen weggeschmissen werden. Deshalb räufele ich schon mal alte Stricksachen auf und verarbeite die Wolle neu. Für Stefan habe ich einen ganz zauberhaften roten Pullunder gearbeitet, mit einem Pandabären auf der Brust. Das ist ja zeitlos und kann immer getragen werden. Zarahlein hat beim Stöbern in meinem Schrank neulich einen Strickmantel entdeckt, ach Gott, der muss wohl aus den Sechzigern gewesen sein. Ich wollte ihn für sie umarbeiten, aber sie nahm ihn gleich mit, wie er war. Das Mädelchen freut sich immer, wenn sie von der Omi was kriegt. Da gibt man ja dann auch gern. Süßigkeiten mit Schnaps habe ich ja sowieso immer da. Ich darf nicht naschen und mache mir auch gar nichts aus dem Kram. Sie wissen ja selber, wie viel man so aus Höflichkeit das Jahr über hin und her schenkt. Im Grunde ist das eine furchtbare Sitte. Da fällt mir ein, das muss ich Ihnen noch als Tipp mitgeben: Bei Pralinen muss man hin und wieder auf das Verfallsdatum durchgucken. Das kann sonst sehr unangenehm werden. Frau Bromeier und ich mögen beide keine Weinbrandbohnen, schenken uns aber den gleichen Kasten schon seit über 10 Jahren hin und her, aber seit drei Wintern ärgere ich mich nicht mehr. Ich habe die damals noch zu DM-Zeiten gekauft, bin also im Recht.

Ich plane das Adventsessen rechtzeitig und kaufe immer schon alles ein, wenn es im Angebot ist. Weihnachten bin ich bei der Familie, deshalb lade ich am zweiten Advent immer Gertrud, Ilse, Kurt und ein paar andere Leutchen zu einem Festmahl ein. Ach, das Kochen bereitet mir immer eine solche Freude! Ilse geht mir in der Küche zur Hand, zu zweit macht es erst richtig Spaß. Ich koche immer nach Rezepten aus einer alten Kladde und ärgere mich jedes Jahr, dass es die bei der Chefkoch-App auf dem Händi noch nicht gibt. So muss ich mich immer mit der Sütterlinklaue meiner Mutter rumärgern, wissense, man verlernt es ja doch im Laufe der Zeit.

Letztes Jahr hatten wir Gans mit Klößen und Rotkraut. Davor das Jahr gab es Rinderbraten mit Salzkartoffeln und Spargel. Den Spargel hatte ich morgens um neun aufgesetzt, damit er schön weich wird. Es hat allen wunderbar geschmeckt, der Braten war butterzart. Auch wenn der Spargel noch eine Idee gekonnt hätte, durch war er. Alle meine Gäste waren begeistert. Später zur Kaffeetafel gibt es meine berühmte Buttercremetorte. Meine Großmutter hat bei Hofe in Preußen als Köchin gearbeitet und mir ein Rezept für französische Buttercreme hinterlassen, das ich in Ehren halte. Ich habe es ein bisschen abgeändert, statt zwölf Eiern nehme ich nur zehn, dafür ein halbes Pfund mehr Butter. Dann wird die Creme etwas leichter.

Ein bisschen ärgerlich ist immer, dass Gertrud ihren mitgebrachten Kümmel über alle Mahlzeiten streut. Damit sie besser verdaut, sagt sie. Als ob die Prise Kümmel gegen derartige Blähungen anstinken kann!

Natürlich mache ich für diesen Anlass auch meinen Eierlikör mit Primasprit. Da kommen zwei Dutzend Eier rein, und man muss das Rezept genau einhalten, sonst wird er zu dick. Man kann ihn dann zwar ganz leicht mit ein bisschen Primasprit oder Korn strecken, aber die Leute unterschätzen die Wirkung so leicht! Schon nach ein paar Minuten fing Ilse an, mit ihrer Prothese zu spielen. Auch Gertrud benahm sich schon nach zwei Schluck ganz komisch und rief beim Anstoßen immer: «Prostata», machte den Plattenspieler an und spielte den Ententanz. Dabei ging sie so tief in die Hocke, dass Ilse und ich ihr hochhelfen mussten. Ilse hielt sich besser als Gertrud, sie trank noch zwei Becher vom Eierlikör. Erst als sie nach dem Verabschieden im Flur auf einmal ihren Rock hochraffte, aufs Treppengeländer kletterte und runterrutschte, dämmerte es mir: der Sprit!

Am dritten Advent ist immer die große Weihnachtssause in Utes Anglerstübchen. Vor ein paar Jahren noch waren fast nur Frauen da, aber ich habe Ute angeraten, für Männer Freibier anzubieten. Jetzt ist immer richtig was los. Wenn der Mann mit dem Plattenspieler kommt und zum Tanz aufspielt, mussten Gertrud und ich früher immer zusammen tanzen. Es waren keine Herren da. Seit es Freibier gibt, sind immer reichlich charmante Kavaliere vor Ort. Nur Ilse ärgert sich: Früher hat Kurt mit ihr getanzt, heute genießt er das Freibier, und sie muss mit Fräulein Schubert schwofen. Meist tanzt sie nur eine Runde, dann passt sie auf Kurt auf. Seit der mit einem fremden Hüfthalter zu Hause ankam, ist sie misstrauisch.

Gertrud, Ilse, Kurt und ich schenken uns untereinander nichts zum Fest. So ist es zumindest ausgemacht. Um doch eine Kleinigkeit anbieten zu können, verschenke ich immer ausgefüllte Lottoscheine. Da macht man nichts verkehrt. Wenn einer gewinnt, wird er ja wohl so anständig sein und was abgeben, nich? Ich tippe bei Lotto immer die Sterbetage meiner Männer. Außer Otto, der hat vier Tage gelegen, und keiner weiß genau, wann er gestorben ist. Ich kam damals vom Betriebsausflug aus dem Harz. Na ja, und dann hatten wir den Schlamassel. Im Bett lag er und war mausetot. Ich rief gleich den alten Doktor Pecher an, der praktizierte damals ja noch. Obwohl er Lazaretterfahrung hatte, konnte er nicht genau sagen, wann Otto verstorben war. Damals nahm man das ja nicht so genau, es war Mitte des Monats, und ich bekam für den laufenden Monat ja noch die volle Rente für ihn. Wenn es um den Monatswechsel gegangen wäre, ja, dann hätte man genauer schauen müssen. Denken Sie sich mal, Otto wäre am 2. gestorben und auf dem Totenschein hätte der 30. gestanden – dann hätte ich für den August keine Rente mehr für ihn bekommen. Deshalb weiß ich auch gar nicht, was für eine Zahl ich für Otto tippen soll. Geburtstag hatte er nämlich am 4., aber da Franz an einem 4. gestorben ist, ist die Zahl schon vergeben. Ich nehme für ihn deshalb die Sieben, weil wir sieben Jahre verheiratet waren. Glück hat das aber noch nicht gebracht, mehr als einen Dreier brachten die Zahlen nie ein.

Die Frau Schneider vom Lottoladen redet übrigens seit Jahren nicht mehr mit mir, weil ich ihr Paroli geboten habe, als sie mir unverschämt kam. Sie kannte mein Zahlensystem und meinte süffisant: «Na, Frau Bergmann, vier Männer? Da könnense doch bestenfalls auf einen Vierer kommen. Sie müssen wohl noch zweimal heiraten, damit Sie mal einen Sechser schaffen, nich?» Das tat mir schon recht weh, und ich sagte: «Ich hatte immerhin viermal den Hauptgewinn, nicht immer nur Nieten wie Sie!» Seitdem gebe ich meine Lottoscheine immer am Büdchen vor der Kaufhalle ab.

Wissense, meist koche und backe ich ja nach Gefühl. Wie soll man denn eine Prise abwiegen? Aber ich gebe zu, manche Sachen sollte man besser aufschreiben. Weihnachtsstollen mache ich nur einmal im Jahr, da blättere ich auch lieber nach. Bei vielen Rezepten wäre es auch zu schade, wenn sie vergessen werden. Wie die Menschen, ach!

Unsere Kirsten hatte als Kind so viele Tanten und Omas, die kam ganz durcheinander. Die Nachbarin nannte sie Tante Gundel, aber deren Mutter? Sie nannte sie einfach Tante Oma. Ich weiß noch, dass sie immer eine Bockschürze trug und dünnes, langes Haar hatte, das sie zu einem Duttknoten zusammengebunden trug. Beides wurde nur zweimal im Jahr gewaschen. Das Haar hielt sie rein, in dem sie mit Schmalz die Ansätze ausrieb. Die Schürze wurde von dem zusammengehalten, was sie sich beim Kochen von den Händen strich. Tante Oma war eine merkwürdige Person mit sehr hoher Stimme und einem Hang zu Geistern. Ich denke, dass Kirsten da den ersten Knacks wegbekam. Sie pendelte das Geschlecht von ungeborenen Kindern aus und besprach Warzen. Aber sie hat einen Rührkuchen gemacht – nee, da fehlen mir die Worte. Tante Omas Rührkuchen war einfach zum Niederknien. Damals kam ich ja noch besser runter, nich. Hihi. Saftig und geschmackvoll und locker war der Rührkuchen, ach, einfach nur ein Gedicht. Was habe ich Tante Oma in den Ohren gelegen, damit sie mir das Rezept verrät. Es war nichts zu machen. «Du kannst zwar alles essen, Renate, aber du musst nicht alles wissen» war ihre Antwort. Ich habe experimentiert mit Schmalz und der doppelten Menge Butter, mit Safran und sogar mit Enteneiern – ich habe es nie rausgekriegt. Sie hat das Geheimnis mit ins Grab genommen.

Ja, wenn man in der Adventszeit in der Rezeptkladde blättert, dann werden die Erinnerungen wach an die Geschichten, die um die Entstehung der Gerichte herum ranken, und man freut sich noch ein bisschen mehr auf das Weihnachtsfest im Kreise seiner Lieben.

> Tante Renate sitzt im Zug nach Hause. Wir
> bekreuzigen uns kollektiv.

Jetzt gucken Sie ein bisschen verwundert, nich? Sonst steht nämlich vor jedem Kapitel eine Nachricht, die ich auf Twitter geschrieben habe. Aber hier habe ich Ihnen einen Spruch ausgesucht, den mein Neffe geschrieben hat.

Der Lauser. Könnense ruhig mal sehen, was der über seine Tante so denkt. Seit 1952 führe ich eine Liste, wer mir zum Geburtstag, zum Frauentag oder zu einem meiner Hochzeitstage gratuliert und wer sich an Weihnachten meldet. Muttertag erst seit 1990, das hatten wir ja früher nicht. Ich schreibe auch auf, was ich für Geschenke bekomme, und mit rotem Stift trage ich ein, wer vergessen hat zu gratulieren.

Wer Blumen von der Tankstelle mitbringt, wird doppelt rot unterstrichen. So weit kommt's ja wohl noch. Frechheit.

Thomas hat das letztes Jahr Weihnachten geschrieben, keine zehn Minuten nachdem ich abgereist war. Vier Tage war ich bei ihm und seiner Familie, und wenn ich gewusst hätte, dass so über einen gedacht wird – nee! Dann wäre ich früher abgereist. Denken Sie nicht, dass es für mich nur Freude war.

Für christliche Feste hat Kirsten so gar keinen Sinn. Nach dem Abendessen muss ich dann wieder Yoga-DVDs gucken und kann nur heimlich bei Twitter schreiben, wenn sie meditiert. Nee, Weihnachten feiere ich nicht mit ihr! Da besuche ich Thomas und seine Familie.

Thomas ist eigentlich nicht mein Neffe, sondern der Enkel meines verstorbenen ersten Mannes Otto. Er sagt schon immer «Tante» zu mir, fragen Sie nicht, warum. «Oma» fand ich zu persönlich und lange Zeit auch zu alt, das habe ich ihm verboten. Erst sagte er «Tante Petzel» – so hieß ich damals, als ich mit Otto verheiratet war. Als ich dann wieder geheiratet hatte, war ich kurze Zeit «Tante Karlshorst», aber irgendwann habe ich ihm erlaubt, «Tante Renate» zu sagen. Das ist wenigstens keinen Änderungen unterlegen, falls man mal heiratet. Wir haben trotz der Mauer immer Kontakt zueinander gehalten, er schickte mir hin und wieder auch Fotos von Ottos Grab in Moabit und zu Weihnachten ein Westpaket. Meist waren ja nur die Eigenmarken von Aldi drin, aber damals hat man sich gefreut. Ich weiß noch, das muss vielleicht vier Jahre vor dem Fall der Mauer gewesen sein, da war der kleine Sebastian von Steiners im zweiten Stock über Wochen so krank mit der Lunge. Es wusste keiner, ob er überhaupt noch mal wieder wird. Er wünschte sich so sehr einen Monchichi. Wissen Sie noch, was das ist? So ein kleines Äffchen aus Plastik und Plüsch. Heute weiß ich, wie man das schreibt. Heute kann man nachgucken bei Gockel, wenn man Onlein hat. Damals stand das Wort nicht mal im Duden. Ich schrieb dem Thomas, ob er nicht einen Monchichi schicken könnte, weil das Kind doch so krank war.

Es kam ein Päckchen Mon Chérie. Die konnten wir dem kleinen Steiner nicht geben, da war ja Schnaps drin. Zum Glück wurde der auch so wieder gesund.

Heute lebt Thomas mit seiner Familie bei Hannover. Im Grunde sind sie alle sehr nett, aber sie nehmen immer an, dass ich bei ihnen einziehen will. So ein Blödsinn. Ich mache mir da immer einen kleinen Spaß draus. Zum Beispiel dieses Weihnachten:

Wir hatten vereinbart, dass ich am Vormittag mit dem Zug anreise. Die Verbindungen sind günstig, man muss nicht umsteigen und ist in gut anderthalb Stunden in Hannover. Ich hatte die Geschenke dabei, die Torte, das Essen, meine Sachen – wissense, für vier Tage braucht man ja doch ein ganz Teil Garderobe, Hannover ist ja auch nicht um die Ecke, wer weiß, wie da das Wetter ist. Es kam also ein ordentlicher Stapel an Koffern zusammen, da war eine Direktverbindung schon sehr bequem. Als ich losfuhr, klingelte ich bei Thomas an und gab ihm fernmündlich Bescheid. Er sagte zwar, dass er sich freut, aber auf Twitter stand:

So, liebe Deutsche Bahn. Nun zeig mal, dass
auf dich Verlass ist, und verbummele Tante
Renate.

So willkommen ist man also. Dabei will man nur das Beste … Na ja. Werde ich mir merken. Kommt alles auf meine Liste und wird beim Testament bedacht.

Der Zug war pünktlich. Thomas war allein gekommen, um mich abzuholen, und erzählte, dass der Baum schon fertig geschmückt sei. Am 23.! Heute macht man das wohl so. Viele kaufen den Baum noch bevor der erste Advent ran ist. Andererseits: Wenn man nicht rechtzeitig kauft, gibt es nur noch Besenstiele mit drei Zweigen dran. Ich kenne das aus meiner Kindheit anders. Erst am Vormittag des Heiligen Abends fuhr Vater in den Wald und schlug den Baum. Meine Mutter heizte dann die gute Stube ein, wissense, das war so wie bei Kurt und Ilse heute noch: Die wurde nur an Weihnachten geheizt, und den Rest des Jahres war es da drin eisig kalt. So stand der Baum in der guten Stube manchmal bis Ostern hin. Meine Oma sagte immer: «Solange der Baum steht, so lange steht's dem Opa auch», und in diesem Glauben hielt sie ihn manchmal bis ins Frühjahr hin. Aus der Spitze wurde jedes Jahr ein Quirl geschnitten. Damit hat Oma dann Mehlschwitzen angerührt.

Ulrike und die Kinder begrüßten mich herzlich. Ich gab mir Mühe, die Namen der Kinder nicht falsch zu sagen, das macht keinen guten Eindruck. Sie haben ziemlich schwierige Namen mit Bindestrich. Selbst Ulrike als ihre Mutter nennt sie meist Neinmartin und Aberwehefrollein.

Martin und Luisa sind die Rufnamen. Das hinterm Bindestrich kann man weglassen.

Ulrike hatte Bratwurst mit Sauerkraut und Salzkartoffeln gekocht, das ist das traditionelle Essen am Heiligen Abend bei uns. Als mein Otto noch lebte, hat er das immer gekocht. Sonst kam er ja nur zum Essen in die Küche und wenn er sich die Zehennägel beschneiden wollte, aber am Heiligen Abend kochte er. Meist hatte ich bis zur Bescherung auch den gröbsten Schmutz bereinigt.

Nach dem Mittagsschlaf wurde es Zeit zum Kaffeetrinken. Zur Feier des Tages genehmigte ich mir auch am Nachmittag eine Tasse Bohnenkaffee, schließlich war Weihnachten. Ich hatte Schwarzwälder Kirschtorte mitgebracht, wissense, Ulrike ist ein liebes Ding, aber backen kann sie nicht. Sie kauft Kuchen. Gekaufter Kuchen! An Weihnachten. So weit kommt's noch. Nee, also … na, ich sag nichts. Ach, die Torte war prächtig gelungen und hatte in der Bahn keinen Schaden genommen, ich war selbst so begeistert, dass ich mir noch ein zweites Stück genehmigte. Könnense sich schon denken, was Thomas daraus wieder gemacht hat:

Die Fressolympiade geht weiter. Ich kämpfe
um die Silbermedaille, an Tante Renate werde
ich nicht rankommen.

Pah! Weil ich ein zweites Stück Kuchen genommen hab!
Aber es wurde noch bösartiger:

Tante Renate pult Kuchenreste mit der Gabel
aus den Zähnen. Schön wäre es, wenn sie die
Zähne dabei im Mund behielte.

Dabei habe ich nur den Unterkiefer ein bisschen hochgeschoben, sonst wäre ich nicht mit der Zunge an den Kirschkern gekommen, der sich unter die Prothese geschoben hatte. Und eine Gabel war es auch nicht. Nee, das tat schon weh.
 Ich machte mich in der Küche nützlich, half beim Abwasch, und dann wollten wir zur Kirche gehen. Als ich ins Wohnzimmer kam, um Thomas und den Kindern Bescheid zu geben, war Heintje im Fernsehen! Ach, wann kommt denn heutzutage mal ein Film mit Heintje! Das war so schön.

Im Fernsehen läuft Heintje, Tante Renate singt,
tanzt und erzählt in den Sprechszenen von
toten Verwandten. Zeit, in die Kirche zu gehen.

So war es gar nicht. Ich habe höchstens ein bisschen mit dem Fuß gewippt und beim Refrain ganz leise … meine Güte, es war Weihnachten. Und tote Verwandte … ich weiß genau, Thomas muss damals vier Jahre alt gewesen sein, da waren wir mal bei Onkel Hoppe auf dem Geburtstag. Da hat Thomas ihm sogar die Hand gegeben! Und nun, als ich erzählte, dass er im November gegangen ist, kannte Thomas ihn angeblich nicht!

In der Kirche fühlte ich mich nicht wohl. Die Protestanten sind mir da einfach zu modern. Wissense, ich bin keine bibeltreue Christin, aber wenn schon Kirche, dann richtig. Also katholisch. Hier predigte eine Frau, das war mir nicht ganz geheuer. Sie hatte ungepflegtes Haar, schiefe Zähne und aß bestimmt nur Körner. Sie sang mitten im Gottesdienst «Kleiner Trommelmann», das kannte ich bislang nur von Marlene Dietrich. Thomas beobachtete mich die ganze Zeit:

Tante Renate hatte jetzt den vierten Doppelkorn. Dass sie in der Kirche wegnickt, wundert mich nicht.

Weggenickt ... wegen vier Korn? Der Bengel sollte mich erst noch kennenlernen. Ich war nur so still, weil ich mit der Christvesper nicht einverstanden war, aber ich wollte nichts sagen. Man ist schließlich zu Gast und mäkelt nicht an allem rum.

Als wir wieder nach Hause kamen, war es auch schon Zeit für die Bescherung. Die Kinderaugen leuchteten, als sie die Geschenke sahen! Die Kinder packten aus, sagten brav: «Danke», und dann lagen meine Geschenke in der Ecke. Sie wissen warme Unterhemdchen eben nicht zu schätzen. Was hätten wir uns früher gefreut!

Zum Glück hat Thomas wenigstens da mal für eine Stunde sein Händi weggelegt und nicht getwittert. Wäre ja noch schöner gewesen, mir hatte er es schließlich auch verboten.

Hihi.

Wir Erwachsenen schenken uns zu Weihnachten nichts, sondern basteln uns gegenseitig Spaßgeschenke und würfeln. Jeder bereitet zwei Päckchen vor mit kleinen Sachen, die alle gebrauchen können. Dann wird gewürfelt. Wer als Erster eine Sechs hat, darf sich ein Geschenk nehmen. Ach, das ist immer lustig! Es ist gar nicht so leicht, etwas zu finden, was jedem gefällt. Letztes Jahr habe ich gehäkelte Topflappen und ein Fläschchen Melissengeist eingepackt. Ulrike hat geschimpft, weil die Kinder mitgewürfelt haben. Die soll sich mal nicht so anstellen, die sind schließlich 8 und 10 Jahre alt. Da kann man schon mal einen kleinen Melissengeist probieren. Dass ich eine Zahnbürste gewonnen habe, war ihr egal.

Eine Zahnbürste. Ich. Ich bitte Sie, als ich das letzte Mal eine Zahnbürste brauchte, war Kohl noch Bundeskanzler. Meine Zähne kommen ins Glas und werden von einer Sprudeltablette gereinigt, nicht von einer Bürste.

Ach, das war ein netter Abend. Die Kinder spielten Musik auf ihren neuen MP-Geräten, die der Weihnachtsmann gebracht hatte, und ich wagte sogar ein Tänzchen mit Thomas. Er kann keinen Walzer, und ich hatte Angst, er würde mir auf die Füße treten, deshalb tanzten wir auseinander wie die jungen Leute. Das ist praktisch, man muss nur ein bisschen mit dem Po wippen und hin und wieder klatschen. So hält man länger durch und gerät nicht so außer Atem. Thomas strahlte, die Kinder klatschten, und Ulrike machte Fotos. Es war wirklich sehr schön!

Geschrieben hat er darüber jedoch:

**Tante Renate ist hackendicht und tanzt
Discofox zu «Du hast mich 1000-mal belogen».**

Ich war nach dem Tanz etwas außer Atem und setzte mich auf den Sessel. Es drückte ein bisschen am Hintern, aber nicht so wie ein Legobaustein, das war ich schon gewohnt. Ich wollte gerade nachschauen, als die kleine Luisa auch schon losbrüllte. Es gab ein Geschrei und Theater, weil ich mich auf die Schildkröte gesetzt hatte. Ich bitte Sie, das Tier hatte nun wirklich nichts auf dem Sessel zu suchen. Der Schildkröte war auch nichts Schlimmes passiert. Sie zog nur ein Bein etwas nach und drehte es beim Gehen nach außen, aber das macht Frau Hettich auch. Sie lebt schon seit über 20 Jahren damit. Aber die Stimmung war dahin.

Es war aber auch Zeit, zu Bett zu gehen, es war spät geworden. Gegen meine Gewohnheit schlief ich am nächsten Morgen fast bis Mittag, die Uhr ging schon auf sieben, als ich wach wurde. Ich hatte ein bisschen Kopfweh und schob meinen Plan, Ulrikes Schubläden aufzuräumen und durchzuwischen, auf. Obwohl sie es nötig gehabt hätten!

Die Feiertage vergingen mit Essen, Singen, Fernsehen und Spielen. Die Kinder krakeelten die meiste Zeit, der Martin kann schreien, wissense – einmal dachte ich direkt, die Berber steht vor mir.

Thomas schrieb am zweiten Feiertag:

Tante Renate ist jetzt den dritten Tag bei
uns. Meine Frau googelt nach Altersheimen,
die auch an den Feiertagen Neuaufnahmen
machen.

Ich kann mich darüber nicht aufregen. Einerseits weiß ich, dass er übertreibt und das nur geschrieben hat, weil er sich wichtig tun will, andererseits war ich ehrlich gesagt auch froh, dass ich wieder nach Hause durfte.

Am Abend vor meiner Abreise setzten wir einen großen Topf auf den Herd, und wir gossen allen Wein hinein, der noch im Haus war. Das ist auch so eine Tradition bei uns – dann wird das Weihnachtsfest «beerdigt» und der letzte Glühwein getrunken. Er war dieses Jahr sehr stark.

Tante Renate hat den 4. Glühwein intus
und beschreibt uns ihre Lieblingsstellung.
Mir bleibt der Mund offen stehen.

Las ich bei Twitter.

Also, jetzt bin ich mal sprachlos. Das Schlimme ist, ich kann es gar nicht abstreiten, weil ich mich beim besten Willen nicht erinnern kann.

Aber wissense, was? Jetzt genehmige ich mir ein Körnchen. Dann bin ich nicht mehr so verklemmt und erzähle Ihnen mal ein paar Sachen über die Ehe, die Liebe und … na, Sie wissen schon ;-)

So ein BH ... nun, ich bin ja eher flach gebaut. Aber so habe ich Schlüssel, Lottoschein, Notgroschen und Kornfläschchen griffbereit.

Ich habe von all meinen vier Brautsträußen noch einige getrocknete Rosen, wissense, die stehen im Wohnzimmer auf der Anrichte, und wenn man die Augen schließt und ganz, ganz tief einatmet, kann man noch immer ein bisschen vom Duft erhaschen. Dann kommen die Erinnerungen an die schönen Zeiten wieder zurück, und ich werde manchmal ganz wehmütig.

Aber eins muss man auch sagen: Keiner meiner Männer ist freiwillig gegangen, sie sind alle gestorben. Wenn es mal so weit ist und der da oben mich zu sich ruft, komme ich schon mal nicht mit einer Scheidung an. Man weiß ja nie. Eigentlich rechne ich ja nicht damit, dass da ein alter Mann mit weißem Bart sitzt, der mir eine Wolke zuteilt. Aber ... wer weiß. Zur Sicherheit halte ich meine Weste einigermaßen rein. Sonntags gehe ich in die Kirche, an Weihnachten sowieso, und freitags gibt es Fisch. Außer damals, als der Papst zurückgetreten war und wir zwei Wochen lang keinen hatten. Das galt nicht, das habe ich gar nicht eingesehen. Da habe ich am Freitag Buletten gemacht, ach, Metzger Wischer hatte so schönes frisches Mett im Angebot, da konnte ich nicht widerstehen.

Aber ich wollte von der Ehe erzählen, ja. Auf den ersten Blick sieht es so aus, als müsste ich ganz still sein, aber wie gesagt – sie sind mir ja alle weggestorben.

Ich will Ihnen daher drei Sachen mit auf den Weg geben, die mich das Leben über die Liebe lehrte: Erstens: Männer sind nie erwachsen. Zweitens: Liebe muss nicht perfekt sein, sondern sich so anfühlen, als wäre sie ernst gemeint. Drittens: Gegen Einsamkeit und Altersarmut hilft heiraten immer noch am besten. Mehr will ich dazu gar nicht sagen. Denken Sie mal drüber nach, Sie werden mir bestimmt recht geben.

Jetzt muss ich den Männern aber auch noch ein kleines Geheimnis verraten, sonst wäre das ungerecht. Frauen sind ziemlich gerissen, das haben Sie bestimmt schon gemerkt. Ich werde Ihnen nicht jeden Trick verraten, aber wenn der Büstenhalter zum Schlüpfer passt, hat sie was vor. Frauen sind eben listig, nur ihre Waffen ändern sich. Gertruds Tochter ist jetzt 50 geworden; und neulich, als sie uns abgeholt hat vom Grünkohlessen bei Herbert Schlieger, erzählte sie, dass sie sich jetzt Silikon in die Brüste operieren lassen will. Denken Sie nur! Eine Operation für einen Mann! Was sind das nur für Zeiten. Ich hatte schwarze Unterwäsche, Taschentücher und vier Ehemänner. Die Männer sind tot, aber die schwarze Unterwäsche habe ich heute noch, die ist bis 60 Grad waschfest. Wenn ich zur Beerdigung gehe und das schwarze Kostüm anziehe, blitzt die nicht so durch wie weiße Miederhöschen.

Mit dem Heiraten ist das so eine Sache. Wenn man sich umschaut, lässt sich jeder Zweite scheiden. Die Leute haben zu viel Auswahl, sage ich immer.

Früher wurde ja aus ganz anderen Gründen geheiratet. Liebe kam da nicht immer an erster Stelle, so traurig das auch ist. Da musste man als Frau zusehen, dass man versorgt war. Schmetterlinge im Bauch war nebensächlich und Optik erst recht. Wissense, wenn man einem Mann beigebracht hat, dass jede Woche gebadet wird, alle vier Wochen die Zehennägel geschnitten werden und er sich vor der Kirche am

Sonntag rasiert, war man schon zufrieden! Heute brauchen die Mannsbilder ja oft länger im Bad als die Frauen. Sie machen sich die Haare blond und sprühen sich mit Parföng an.

Ach, die Liebe: Ich hatte ja schon meine Aussteuertruhe, da war ich noch keine 12. Es war Krieg, und wir hatten nicht viel, aber trotzdem kam immer zum Geburtstag und an Weihnachten was in die Truhe, und wenn es nur eine Kleinigkeit war. Handtücher, Tischwäsche, Laken, auch ein Plumeau. Das Silber hat Mutter im Steckrübenwinter gegen vier Hennen und einen Hahn getauscht. Das war gut angelegt, so hatten wir jeden Tag ein paar Eier und im nächsten Frühjahr sogar junge Küken in der Küchenbank. Als die Pittchen größer wurden, haben wir meine Aussteuertruhe leergeräumt und sie aufgeteilt: Die Hähnchen kamen in die Küchenbank, die Hühner in die Aussteuertruhe. Draußen konnten wir sie nicht lassen, es wurde ja alles geklaut. Ach, es waren schon schwere Zeiten.

Wo war ich? Ah. Aussteuer. Ja.

Vorletztes Weihnachten waren Gertrud und ich lange für ihre Urenkelin Vanessa in den Kaufhäusern unterwegs. Wir haben uns viel Mühe gegeben, hübsche Handtücher für das Kind auszusuchen, und uns schließlich für ein helles Rosa mit Röschen am Rand entschieden. So was kommt ja nie aus der Mode und macht immer was her im Bad. Wir haben gute Qualität ausgesucht, die Handtücher waren nicht billig. Wir haben noch ein paar Stückchen Lux-Seife dazu gekauft, wissense, da duftet die Wäsche so fein in der Aussteuertruhe, und außerdem gehen die Motten nicht ran. Und was war der Dank? Kein bisschen gefreut hat sich die Vanessa. «Wat sollickn damit?», hat sie zu Gertrud gesagt und das schöne Geschenk gar nicht angeguckt. Gertrud war sehr enttäuscht und so traurig, dass sie bis Neujahr hin nicht zu gebrauchen war. Dann gab es aber Bowle, und wir haben Traumschiff geschaut, da ging es mit ihrer Stimmung wieder bergauf.

Ja, bei der Aussteuer hat die Vanessa die Ruhe weg. Ein Mann achtet doch auf so was! Aber die meint, sie findet einen, der sie ohne genügend Bettwäsche und Servietten nimmt. Und denken Sie, die Vanessa würde sich mal interessieren, wie man Sauerbraten macht? Hauptsache den ganzen Tag vor der Flimmerkiste und das Händi in der Hand. Sagen Sie jetzt nichts: Ich kann ja kochen, aber die Vanessa nicht. Was meinense, was los ist, wenn die Eltern mal im Urlaub sind und das Mädel auf sich allein gestellt ist. Dann gibt es jeden Tag diese Waffeln mit Schafsfleisch vom Türken. Düner. Da fällt einem nichts zu ein.

Aber diese jungen Dinger. Nee, also wirklich. Nee! Wie die alle rumlaufen! Die jungen Männer unrasiert, die Hosen entweder so eng, dass man gar nicht weiß, wo man hingucken soll, oder so weit, dass sie in den Kniekehlen hängen. Von den Damen gar nicht zu reden. Wissense, manchmal sehe ich in der U-Bahn Mädchen, da weiß ich nicht, ob das 16-jährige Schülerinnen sind oder Dirnen. Die sind ja heute viel früher dran als wir damals. Kaum sind se 14, wollense die Pille haben. Und wie die sich zurechtmachen! Sommers wie winters der Rücken ganz frei. Aber es hat ja keinen Sinn, da kann man reden und reden, die lassen sich nicht belehren. Die haben alle noch nicht die Schmerzen erlebt, die man bei schneidendem Wasser hat! Allein schon, was die dicke Meisern drunter trägt. Ich weiß das, weil der Wind mal so ein Ding von ihrem Balkon auf den Gehweg geweht hat. Es war an einem Sonntagmorgen gegen sechs, und ich war mit meinem Drahtbesen am Werk. Ich kratze so vor mich hin, da hab ich auf einmal so einen rosa Pandaschlüpfer zwischen den Zinken. Nicht Panda, Tango. Tanga. Ach, Sie wissen schon. Es war ein Dreieck, kleiner als ein Häkeltaschentuch, und ein guter Meter rosa Band. Wegwerfen wollte ich es nicht, also spannte ich es an den Zaun vor unserem Haus.

Als die Meiser gegen Mittag ausgeschlafen hatte, hörte ich sie laut mit der Berber lachen. «Mein Höschen nehme ich mal lieber mit», rief das liederliche Ding und steckte den Panda ein.

Das war ein Höschen? Ich wollte da gar nicht drüber nachdenken.

Es gibt drei Dinge, die einen anständigen Menschen ausmachen: saubere Fingernägel, ordentliche Unterwäsche und dass das Bett zum Lüften rausgehängt wird. Schon meine Mutter hat immer gesagt: «Renate, bevor du aus dem Haus gehst, achte darauf, dass du ein sauberes Hemd und einen sauberen Schlüpfer anhast. Wenn mal was passiert ...» Daran halte ich mich bis heute. Ich war mal dabei, wie eine Frau von der Straßenbahn angefahren wurde. Dann kam der Notarzt, und als Erstes machte er sie obenrum frei. Jeder konnte ihr Hemdchen sehen. Da war ich richtig froh, dass ich ein ordentliches Hemd trug. Am liebsten hätte ich es dem Doktor gezeigt, aber man will ja nicht stören, wenn er sich noch um die Verletzte kümmern muss.

Seit ich weiß, dass die Meiser solche Strippen anzieht, sehe ich sie mit ganz anderen Augen. Sie sollten mal miterleben, wie die sich sonnabends fertigmacht, bevor sie auf Männerjagd geht. Um sechs abends geht das los, Bumsmusik ganz laut, dass auch ja das ganze Haus was davon hat. Dann geht sie in die Wanne und bemalt sich danach wie eine vom Gewerbe. Das dauert an die zwei Stunden. Gegen acht geht die Musik aus und die Meisern los. Ich kann sie vom Küchenfenster aus zur Straße stöckeln sehen, da habe ich alles im Blick, wissense. Nicht, dass ich spionieren würde, aber man muss ja wissen, was im Haus los ist. Meist fährt sie mit dem Taxi. Sie hat es ja dicke.

Die Berber ist auch so ein Fall. Man sollte doch nicht nur auf Farben und Schnitte achten, sondern auch auf die richtige Größe. Ich habe bestimmt nichts gegen Dicke, aber man muss doch ehrlich sein: Es sind nicht die Hosen, die auftragen. Es sind Chips und Düner.

Neulich ist sie mit weißen Schuhen los. Nee! Meine Mutter hat schon immer gesagt, weiße Schuhe trägt eine Dame nicht. Ich sehe das genauso. Weiße Pumps sind was für Bräute, weiße Turnschuhe sind zum Jocking und für Tennis, und weiße Stiefel – nun ja, die sind nur was für die Dirnen vom Gewerbe. Sie lief darin wie ein Kalb. Ich dachte erst, sie hat eine Fußverletzung oder ein Hühnerauge, aber nee. Sie kann nur nicht darauf laufen. Wenn Sie sie mal sehen, denken Sie nur nicht, dass sie Hilfe braucht. Das ist wegen der Schönheit. Hihi. Früher hat man mit dem Heiraten jedenfalls nicht so lange gewartet – was hatte man denn für eine Auswahl? Gerade nach dem Krieg, als die Männer knapp waren. Und auch später, wissense, wir hatten ja unser Tun. Da konnte man nicht monatelang jedes Wochenende durch die Tanzlokale ziehen und sich einen ausgucken und lange rumlamentieren wie die Meiser heute. Jedes Wochenende sticht die der Hafer, und dann geht sie auf Männerjagd – mir muss doch keiner was erzählen, ich weiß doch Bescheid. Die Meiser macht mit allen rum, aber zum Traualtar hat sie noch keinen gekriegt.

Heute wird ja auch weiter weg geheiratet, als es früher üblich war. Wie oft hör ich: «Die ist der Liebe wegen nach Hamburg gezogen.» Oder: «Er lebt jetzt im Schwarzwald bei seiner Freundin.» Neulich habe ich die junge Frau Kiesewitt getroffen. Die wohnte bis letzten Herbst schräg gegenüber. So eine Freundliche, sie hat immer gegrüßt und mir auch beim Laubfegen geholfen, eine ganz Anständige ist das. Aber sie hat auch weggeheiratet, raus nach Nauen. An die 25 Kilometer sind das!

Ich hätte früher gar nicht die Möglichkeit gehabt, einen Herrn von weiter weg kennenzulernen. Wie hätte das denn gehen sollen? Heute, ja, da gibt es Fäßbuck und das Twitter, und jeder hat ein Händi und schreibt SM-Nachrichten. Was meinen Sie, mir hat sogar ein Herr aus Nigeria geschrieben beim Fäßbuck, der wollte zig Millionen Geld überweisen, ich sollte nur ein paar tausend Gebühren vorschießen. Ilse hat übersetzt für mich, aber ich habe ihm abgesagt, wissense, das war gerade die Zeit, als Herr Hagekorn und ich uns recht nah standen, und ich wollte nicht zwei Herren Hoffnungen machen. Es war dann auch bald Ruhe.

In den Fünfzigern und Sechzigern hat man sich Briefe geschrieben statt Imehl oder Händinachrichten. Da wartete man eine Woche auf Antwort. Ich hatte bald nach dem Krieg einen Verehrer vom Lande, den hatte ich beim «Tanz in den Mai» kennengelernt, ein fesches Mannsbild mit wunderschönen stahlblauen Augen. Er war mit seinen Fußballerfreunden 40 km mit dem Fahrrad zum Tanz gekommen. Nun, viel getanzt hat er nicht, nur Bier getrunken und den Damen den Kopf verdreht. Der kam oft nicht mal am Wochenende zum Schreiben, weil Ernte war oder er Fußball spielte. Dann flatterte bei mir nur alle zwei Wochen ein kurzes Briefchen in den Postkasten. Er war kein Freund der wohlgewählten Worte, es war alles etwas plump und so ganz ohne jede Poesie. Wohl hat er die Briefe mit seiner Haartinktur parfümiert, ja. Aber das roch nicht nur sehr penetrant, sondern der Alkohol verblasste auch noch die Tinte. Ich glaube, deshalb liefen die Briefe noch länger, die Post konnte die Adresse gar nicht richtig erkennen. Als ich Otto kennenlernte, habe ich das bald einschlafen lassen.

Wissense, was mir aufgefallen ist? Die meisten mürrischen Menschen haben entweder kein Sexualleben oder machen gerade Diät. Achtense mal drauf.

Diät mache ich nicht mehr. Warum soll ich mit 82 auf Butter verzichten? Na, das frage ich Sie. Für wen soll ich mich denn aufheben? Ich esse in Maßen, aber dafür alles, was schmeckt.

Das Thema mit dem Sex ist für mich erledigt, denke ich. Das muss ich nicht mehr haben. Tanzen und ausgehen gern, aber mehr nicht. Von Ilse weiß ich, dass da unter der Bettdecke auch nicht mehr viel geht bei Kurt und ihr.

Sie spricht nicht gern über das Thema. Aber wenn sie zwei, drei Likör im Kreislauf hat, rutscht ihr doch mal was raus.

Zweimal im Jahr, hat sie mir im Vertrauen erzählt.

Meinen Walter habe ich kennengelernt, da waren wir beide schon Ende 60; er hatte da nicht mehr so das Interesse, und mir war es auch recht. Wir hatten andere Werte. Wissense, einander im Arm zu halten und sich nur die Hand streicheln kann auch sehr schön sein. Werden Sie mal so alt, dann verstehen Sie mich.

Wilhelm, Kirstens Vater, mochte den Frühling am liebsten. Es hat eine Weile gedauert, aber nach ein paar Jahren habe ich begriffen, warum: Da haben die Frauen kurze Röcke an. Er war ein Hallodri, der sein Vergnügen suchte, und nicht nur mit mir. Nun, über Tote soll man nicht schlecht reden, und seine guten Seiten hatte er auch.

Auch was die Männer anging, mussten wir nehmen, was der Krieg und die schamlosen Weibsbilder, die alles für einen Kerl gemacht haben, uns gelassen hatten. Ich hatte 1950 meinen Otto kennengelernt, da war ich schon 19 Jahre und spät dran mit dem Heiraten. Ottos Frau war gestorben, die Kinder schon groß und aus dem Haus. Er hatte eine feste Anstellung und war, wie man damals sagte, eine gute Partie. Wir fingen ganz klein an. Eine eigene Wohnung mit extra Schlafzimmer – so was konnten wir uns nicht leisten. In Berlin-Moabit wohnten wir damals, auf der Turmstraße, Hinterhaus zwei Treppen, zur Untermiete bei Mutter Vettschau. Toilette auf dem Hof, Badestube gab es nicht, wir wuschen uns in der Küche und badeten sonnabends nach der großen Kochwäsche im Waschkeller im Zuber. Wenn es dann abends ... also, Sie wissen schon. Wir waren ja jung verheiratet, und auch wenn wir müde waren – ab und an war es dann eben mal dran. Wir mussten aber leise machen, denn wenn Mutter Vettschau das mitgekriegt hätte, das wäre mir unangenehm gewesen. Das Bett quietschte schrecklich bei jeder Bewegung. Otto war wohl bald jede Woche mit dem Ölkännchen dran, aber es nützte nichts. Ich habe Ihnen ja schon erzählt, dass er nicht mehr der Jüngste war. Als wir geheiratet haben, war er schon Mitte 50, und nun ja, was soll ich lange drum herumreden, immer ging das da schon nicht mehr so einfach. Wir hatten oft die Wurzelbürste mit im Bett, das regt die Durchblutung an, wissense.

Wenn es dann so weit war, mussten wir schnell machen. Das war gar nicht so einfach. Früher trugen die Herren nämlich Nachthemden, genau wie die Frauen. Das ist ja heute komplett aus der Mode. Wenn es ran war, haben wir uns beide die Nachthemden hochgerollt und dann – ja. Sie sind ja wohl alles keine Novizinnen und können sich denken, was dann passiert ist. Aber wissense, ich höre jetzt auf. Es war schön, und wir hatten unseren Spaß. Auch wenn wir noch so leise machten, grinste mich Mutter Vettschau am nächsten Morgen an. Die qietschenden Drahtfedern der Matratze verrieten uns jedes Mal.

Nee, ich bin nicht für Scheidung. Wenn man sich füreinander entschieden hat, muss man auch zusammen durch schlechte Zeiten, finde ich. Andererseits: Warum soll man sich das Leben gegenseitig schwer machen? Wissense, manchmal sehe ich Ehepaare, die gehen sich gegenseitig so auf die Nerven und giften sich nur an. Da möchte man am liebsten als Außenstehender die Scheidung einreichen, aber das geht leider nicht. Ich habe mich erkundigt.

Patzigs sind so ein Beispiel. Sie sind beide Mitte 60 und Rentner.

Erwin Patzig kauft jeden Nachmittag zwei Flaschen Bier. Er radelt bei mir unterm Fenster lang. Er hat immer die zwei leeren Flaschen in einem losen Weidenkorb auf dem Gepäckträger dabei, die er zurückgibt. Wenn Erwins Pfandflaschen klappern, weiß ich, dass es auf 15 Uhr geht und ich meinen Minztee brühen muss. Dann fährt er zum Getränkestützpunkt und holt sich sein Bier für den Abend. Er könnte ja einen ganzen Kasten kaufen, aber nein, er fährt jeden Nachmittag. Offiziell sagt er, er darf nicht so schwer heben. Aber jeder, der die Verhältnisse kennt, weiß Bescheid. Der eigentliche Grund ist, dass er so jeden Tag eine Stunde von seiner Wilma wegkann. Er hat es wirklich nicht leicht mit ihr, sie ist eine furchtbare Person. Boshaft, keifend und zeternd. Ich winke dem Erwin dann meist freundlich vom Balkon runter, wenn ich ihn höre, und freue mich, dass er jetzt eine Stunde Ruhe hat. Sonst halte ich mich bei Patzigs ja raus. Aber so schlecht ist meine Idee gar nicht, oder? Darum sollte sich die Politik mal kümmern: Die sollten das Gesetz so ändern, dass Freunde und Bekannte sich um die Scheidungsangelegenheiten kümmern dürfen.

 Ilse und Kurt haben schon wieder die Gebisse vertauscht. Ich werde immer stutzig, wenn Kurt Lippenstift auf den Schneidezähnen hat.

Seit Walter nicht mehr lebt, feiere ich Silvester immer mit Ilse und Kurt. Nach der ganzen Weihnachtsfeierei hatte ich mich auf einen ruhigen Jahreswechsel gefreut, denn wissen Sie: Weihnachtsfeier der Wohnungsgenossenschaft, vom Seniorenverein, Adventsessen, Kaffeenachmittag im Seniorenclub – eine einzige Völlerei. Gleich nach Weihnachten rief Gertrud an und beschwerte sich, dass ich Norbert nichts geschenkt hatte. Ich dachte erst, sie macht einen Spaß, aber sie war ernsthaft böse mit mir. Ein Hund bleibt immer noch ein Hund, ich glaube, sie fängt langsam an zu spinnen. Sie feierte Silvester auch nicht mit Gläsers und mir, wegen Norbert. Er hat bei der Knallerei noch mehr Angst als Ilse und tobt durch die Wohnung, da kann sie nicht weg. Stattdessen kam Gunter Herbst zu ihr, ein sehr netter Herr, der ein ganz kleines Auto mit einer 50 auf dem Heck fährt. Das langt ja auch, niemand sollte so rasen. Kurz und gut: Obwohl wir nur zu dritt waren, wurde es doch aufregender als gedacht.

Kurt holte mich am frühen Nachmittag ab. Die Bowle zu Gläsers zu kriegen war gar nicht so leicht: Ich balancierte das Fässchen auf dem Schoß, und Kurt fuhr besonders vorsichtig um die Kurven. So klappte es prima. Während der Fahrt flüsterte er mir zu, dass er dieses Jahr die Raketen von einem Bekannten gekauft hat. Der Bekannte hieß Pjotr, und Kurt hatte bei ihm Raketen für 200 € gekauft. Mir blieb fast der Mund offen stehen. Manche Leute haben ja knapp so viel Rente.

Als wir bei Gläsers ankamen, schimpfte Ilse gleich los. Wie die alte Patzig, das ist sonst gar nicht ihre Art. Kurt hatte vergessen, den Karpfen zu schlachten! Nun wurde es höchste Zeit, denn er sollte schon längst im Ofen sein. Kurt kam mit dem Karpfen nicht zurecht. Er blockierte stundenlang die Badestube, man hörte es in einem fort platschen.

Ich föhnte Ilse gerade die letzten Wickler aus, da kam Kurt wieder zur Tür rein und hielt uns stolz den toten und ausgenommenen Karpfen vor die Nase und klappte triumphierend sein Taschenmesser zu.

Eigentlich hätte sich Ilse um den Fisch kümmern wollen, doch als sie die Wickler ins Bad zurückräumen wollte, schrie sie auf. Das Bad sah aus wie damals im Winter 65 die Küche von Gerda Steigert, als sie eingeschneit waren und die Gemeindeschwester ihre Zwillinge im 7. Monat holen musste: Blut, wohin man schaute.

Also mussten wir wieder umplanen: Ilse kümmerte sich um das Bad, ich mich um den Karpfen und Kurt sich um die Bowle.

Gegen 19 Uhr waren wir endlich so weit, und auch der Karpfen war gar. Es wurde Zeit zu essen. Kurt als Hausherr durfte die Bowle anschneiden und uns vom Karpfen einschenken. Nee. Andersrum. Hihi.

Es war schon ziemlich spät, aber an so einem Abend kommt es ja nicht so genau darauf an. Ilse hatte lustige Hütchen für uns besorgt und bestand darauf, dass wir sie aufsetzen. Ich fragte mich, wozu wir ihr überhaupt die Haare gemacht hatten, wenn sie nun doch alles wieder mit dem Hutgummi zerdrückte – aber es war schließlich Silvester, und ich wollte keinen Streit anfangen. Deshalb hielt ich den Mund, setzte mein grünes Mützchen auf und schenkte uns von der Bowle nach. Kurt hatte zum Essen das Radiogerät eingeschaltet, so hatten wir ein bisschen Tischmusik. Ein junger Mann sang: «Einen Stern, der deinen Namen trägt.» Kurt war in so guter Stimmung, dass er Ilse zum Tanz aufforderte und mit ihr durch die Stube schob. Natürlich ganz sachte, damit sie nirgends anstießen. Dabei sang er lauthals mit: «Einen Stern, der deeiiiinen Namen trääääägt.» Ich klatschte im Takt und überlegte, aber es fiel mir kein Stern namens Ilse ein.

So verging die Zeit wie im Flug, und gegen zehn wurde es Zeit, die Raketen steigen zu lassen. Wir warten nicht bis Mitternacht, das ist uns zu spät.

Vor der Knallerei habe ich ein bisschen Respekt. Aber vom Fenster sollte es gehen. Kurt hatte unsere Sektflaschen vor der Terrasse aufgebaut, die Raketen reingesteckt und auch allerlei Zeug auf Bretter genagelt. Nach 30 Minuten hatte er noch nicht mal die Hälfte seiner Böller verschossen und wollte später noch mal raus, aber erst wollte er abwarten, dass Herr Becker von gegenüber vom Balkon verschwand. Er hatte einen kleinen Brand gelöscht, den eine eingeschlagene Rakete verursacht hatte, und suchte nach dem Schuldigen. Wir waren sicher, dass es Kurt nicht gewesen war, zogen aber trotzdem die Gardinen zu und drehten das große Licht aus. Sicherheitshalber.

Und selbst wenn – man lässt doch an Silvester keinen Wäscheständer auf dem Balkon stehen!

Kurz vor Mitternacht traute sich Kurt wieder raus an seine Raketen. Herr Becker war zwar immer noch auf dem Balkon, aber es waren jetzt so viele Männer am Zündeln, da fiel Kurt nicht auf. Welcher Hund im Zwinger bellt, hört man schließlich auch nicht raus, nich?

Ein schönes Silvester war das. Als ich auf dem Sofa von Gläsers lag und nicht einschlafen konnte, wünschte ich mir, dass das neue Jahr mindestens genauso schön werden würde, wie das alte war.

> Seit Ilse Rentner ist und jeden Tag kocht, hat die EG kein Problem mit dem Butterberg mehr.

Mit der Politik habe ich es nicht so. Ob nu die Merkel oder einer von den Sozis dran ist – das ist doch wirklich egal. Aber wählen gehe ich jedes Mal, das ist Bürgerpflicht. Wissen Sie, mich stört nur, dass letztendlich die gleichen Menschen, die im Januar für 49 Cent je Anruf den Dschungelkönig bestimmen, im Herbst den Bundeskanzler wählen. Da überlege ich manchmal doch, ob das richtig ist?

Seit Fräulein Bennert nicht mehr lebt, bin ich immer die Erste im Wahllokal. Da bekommt man dann einen Blumenstrauß. Fräulein Bennert hat sich dafür ja schon immer um sieben Uhr angestellt, aber das mache ich nicht mit. Ich gehe kurz vor acht und keine Minute früher. Es geht dann immer die Reihe rum, wer von meinen Verblichenen den Strauß auf das Grab bekommt, da bin ich ganz gerecht.

Als ich letztens wählen war, empfing mich eine Dame, die ich vom Bürgeramt kenne. Die trällert einen immer an, als wäre man schwer von Verstand. «Aaaaach, die Frau Bergmann, wieder die Erste», sang sie am Eingang schon. Fürchterlich. Ich ging in die Wahlkabine, machte meine Kreuzchen – und ich werde Ihnen hier nicht erzählen, was ich gewählt habe, nix da! – und ging wieder raus. Sie flötete sofort wieder los:

«So, und nun rein in die Urne!»

Mir blieb die Sprache weg.

So eine bodenlose Unverschämtheit hatte ich nicht erwartet. Ich bin eine Menge gewohnt, und ich stecke auch viel weg. Wenn man älter wird, wird man gelassen und bekommt ein dickes Fell.

«REIN IN DIE URNE.»

Ich war so wütend! Das musste ich mir nicht bieten lassen. Ich holte kurz Schwung mit der Handtasche und zog ihr eins über. So schnell konnte die gar nicht gucken. Zwei andere Damen lachten laut los.

«Frau Bergmann, bitte, beruhigen Sie sich! Bitte, werfen Sie Ihren Stimmzettel hier in die Wahlurne!»

Oh.

So eine Blamage ... ich entschuldigte mich umgehend bei Frau Hilgefeld-Bettschösser, so heißt sie wohl. Wenn eine Renate Bergmann einen Fehler gemacht hat, gibt sie den auch zu! Ich fuhr gleich mit der S-Bahn nach Moabit und brachte Otto die Blumen auf den Friedhof, der war nämlich dran. Gertrud war auch wählen. Sie sagt, sie hat wie immer den Kohl gewählt. Ich will gar nicht wissen, was die da wieder angekreuzt hat.

Wissense, ich weiß auch nicht, ob das alles so richtig ist. Neulich dachte ich so bei mir: Die Holländer, die haben jetzt ihren Wilhelm Alexander, die Engländer kriegen bald ihren William, den Großen von der Diana, den kennense doch, nich? Da dachte ich dann so, ob wir dann nicht auch unseren Kaiser Wilhelm wieder haben sollten. Nur so ein Gedanke.

Nee, also mit Politik hatte ich noch nie was am Hut, früher schon nicht. Guckense, Wilhelm und ich, wir haben am 1. Mai geheiratet. Ich weiß auch nicht, warum, die Zeit war ran, Kirsten war unterwegs, wir konnten nicht länger warten – da wurde es dann eben der 1. Mai. Nun können Sie sich ja denken, was ich zum Hochzeitstag bekommen habe: jedes Jahr einen Strauß roter Nelken. Rosen gab es nie, weil sie alle Gewächshäuser mit Nelken vollgepflanzt haben im Frühjahr, damit es beim Demonstrieren auch was zum Winken und Wedeln gibt.

Heute ist Politik auch nicht anders als früher. Sie ändern doch nur im Kleinen. Wenn sich richtig was bewegen soll, müssen die Leute das schon selbst in die Hand nehmen. Guckense sich 89 an. Wer hat die Mauer zu Fall gebracht? Die Leute auf der Straße. Nicht die Politiker. Die Merkel schon gar nicht, die saß an dem Abend in der Sauna. Ach, die reden nur und machen nichts. Das bisschen Rente, die speisen uns mit einem Prozent Rentenerhöhung ab, und dabei wird alles teurer, Strom und Friseur und Busfahren auch.

Neulich hole ich vom Fleischer ein paar Scheiben Aufschnitt und ein bisschen Hackepeter, da sagt die Verkäuferin: «Macht 8,40 Euro, Frau Bergmann!», und lächelt noch dazu. 8 Euro 40! Das sind fast 20 Mark. Die machen Preise, da soll die Politik mal gucken! Fleischermeister Wischer kauft sich alle zwei Jahre einen neuen Merzedes. Ach, was hab ich mich geärgert, aber es nützt ja alles nichts. Es soll ja auch immer was Ordentliches auf dem Tisch stehen, nich? Und lieber bezahle ich ein paar Mark mehr, als dass ich Billigwurst vom Pferd esse. Ich kaufe so was ja nicht, aber Gertrud haut sogar dieses Zeug weg und wundert sich dann, dass sie Wanstdremmeln kriegt. Aber da guckt die Politik auch nich hin. Und wenn alle krank werden, dann heißt es wieder: «Die Krankenkasse muss die Beiträge erhöhen.» Und das wird dann gleich von der Rente abgezogen. Ach, hörense mir auf.

Die kümmern sich nur ums Verbieten. Was glauben Sie, was man alles nicht darf in diesem Land! Ich wusste vieles gar nicht. Mich hat vor ein paar Monaten die Frau König-Paschelmann verklagt. Verklagt, mich! Angeblich soll mein Kater ihre Perserdame geschwängert haben. Ich konnte nur lachen. Erstens ist der Kater ein alter Herr von bestimmt zwölf Jahren. Gut, das mag nichts heißen, guckense sich die alten Racker alle an – der Wepper, der Pütz, der Karel Gott. Aber im Gegensatz zu denen ist mein Kater kastriert. Hihi. Das wusste die König-Paschelmann nicht. Ich habe es auch erst gesagt, als ich gefragt worden bin. Aber mal abgesehen davon, wie das nun ausging: In diesem Land dürfen nicht mal die Katzen ihren Spaß haben. Denken Sie sich das mal.

Oder das mit dem Entenfüttern. Wenn ich mit Gertrud spazieren gehe, nimmt sie ja immer ihr altes Brot mit. Wegschmeißen kann das keine von uns, dafür haben wir zu sehr gehungert im Krieg. Ich verkoche die Reste oft, ich habe so schöne Rezepte für Brotsuppe, aber Gertrud macht sich nichts selbst. Sie gibt es den Schwänen und Enten. Mir ist es ja im Grunde zu langweilig, Wildgeflügel Brot zuzuwerfen, aber so kommt wenigstens das Brot nicht um. Ein Mann vom Ordnungsamt wollte uns das verbieten! Muss ich nicht aufschreiben, was ich dem alles erzählt habe, oder? Sie kennen mich ja schon. Aber zum Schluss haben wir uns wieder vertragen, und er hat mich beim Fäßbuck als Freundin hinzugefügt.

Nee, mit Politik bleiben Sie mir bitte weg. Ich verstehe zu wenig davon. Die kümmern sich um Sachen, da staunt man. Und wichtige Dinge bleiben unerledigt. Warum dürfen wir zum Beispiel keinen Seniorenminister wählen? Der könnte sich dann um Rente, Pflegegeld, ältere Arbeitslose und auch Verkehrssicherheit kümmern. Oder auch darum, dass man beim Arzt als Rentner zügig einen Termin kriegt.

Mein größtes Problem mit den Politikern ist, dass ich sie nicht verstehe. Die sitzen seit Jahrzehnten unter ihresgleichen und haben sich so eine komplizierte Sprache angewöhnt, da weeß 'ne alte Frau manchmal einfach nicht, um was es geht. Ich weiß nur: Früher waren wir für Frieden, Sozialismus und für die Völkerfreundschaft zur Sowjetunion, und heute sind wir gegen Kriech und für den Euro. Alles andere muss man abwarten.

Was meinen Sie, wie ich mich erschrocken habe, als es hieß, die Adoption von Homosexuellen soll jetzt gesetzlich werden. Ich finde das ja nur richtig, aber trotzdem: Gilt das nun für alle? Muss jeder einen nehmen? Oder gibt es für Rentner Ausnahmen? So groß ist meine Wohnung nun auch nicht; sicher, man könnte im Wohnzimmer das Vertiko wegschieben und einen Kleiderschrank aufstellen, und die

Couch kann man auch ausziehen. Na, wenn die was wollen, werden sie sich schon melden, sage ich mir.

Letzthin war auch großes Theater mit dem Ausspähen und dem Abhören. Da sagt einem aber auch keiner von der Politik, was da nun dran ist und wie man sich verhalten soll! Ich sach am Telefon nichts Wichtiges mehr. Wenn ich mit Ilse oder Gertrud telefoniere, dann sprechen wir nur kurz ab, wann und wo wir uns treffen, und den Rest erst, wenn wir uns sehen. Da könnense nichts ausspionieren. Und wenn ich auf dem Händi tippe, halte ich immer die andere Hand drüber, damit keiner mitlesen kann.

Oder die Diskussion um die Rente. Liebe Zeit, bin ich froh, dass ich alles in trockenen Tüchern habe. Ich bin seinerzeit mit 60 in Rente gegangen. Dann hieß es auf einmal, es darf keiner mehr vor 63. Ein paar Wochen später sollte dann bis 65 gearbeitet werden, und nun sind se bei 67. Ich bin jetzt 82 und mache mir langsam Sorgen, ob ich noch was nacharbeiten muss. Wenn das jemandem auffällt, dass mir sieben Jahre fehlen, ja was denn dann? Ich bin ganz still und sage nichts. Ich kann mir auch nicht vorstellen, dass das nur mich betrifft, wissense, bei Ilse, Kurt und Gertrud ist es ja genauso. Bei Kurt nur zwei Jahre, der hat ja bis 65 malocht. Aber selbst wenn: Wo wollen die uns Omas denn hinsetzen? Wir sind doch nicht mehr so belastbar. Ich könnte in der Kaufhalle stundenweise kassieren oder im Altenheim in der Küche helfen. Das wäre das Einzige, was ich mir vorstellen könnte.

60 ist ja heute auch noch kein Alter. Guckense sich mal die Queen von England an, die ist an die 90 und noch immer im Amt. Sie hat sich auch sehr gebessert seit der Sache mit der Diana damals. Jetzt ist sie umgänglicher, mit der Camilla soll

sie sich ja besser verstehen. Ihre Mutter ist ja über 100 geworden mit ihrem Gin. Das ist in England so was wie Korn bei uns, wissense. Habe ich im Internetz gelesen. Hihi. Die Beatrix von Holland ist ja mit 75 zurückgetreten. Ich weiß nicht, ob sie sich das gut überlegt hat. Jetzt sitzt sie zu Hause rum und fällt der Familie auf die Nerven. Sie müssen mal drauf achten, die ist auch auf manchen Euromünzen noch drauf, die Beatrix. Ich nehme die nicht mehr an als Wechselgeld, wissense, wenn die nicht mehr regiert, wer weiß, ob die dann noch gültig sind. Nachher ist das Falschgeld, und dann heißt es: «Die alte Bergmann hat Blüten in Umlauf gebracht.» Nee, da passe ich auf, Münzen mit der Beatrix nehme ich nicht mehr an. Erkennt man ganz leicht, Sie wissen ja, sie hatte eine Frisur wie ein Kosmonautenhelm.

> Wissense, das mit dem Älterwerden ist eigentlich traurig. Kaum hat man im Kopf alles zusammen, fällt einem der Körper auseinander.

Reich bin ich nicht. Ich will mich nicht beklagen, ich komme gut zurecht. Ich habe selbst fast 50 Jahre gearbeitet und bin viermal verwitwet, ich habe eine gute Rente. Die Witwenrente wird aber aufeinander angerechnet, machense sich da im Kopf jetzt mal keine zu großen Vorstellungen. Und dann zählt auch die vom letzten Mann, nicht die von dem Gatten mit dem höchsten Rentenanspruch. Ungerecht, sach ich Ihnen. Aber ich will mich nicht beklagen, immerhin habe ich auch viermal geerbt und ein erkleckliches Sümmchen auf die Seite gelegt. Dürfense mir ruhig glauben.

Einerseits sag ich immer: «Mitnehmen kann man nichts,

das letzte Hemd hat keine Taschen.» Andererseits kann ich das Geld auch nicht einfach so zum Fenster rausschmeißen. Wir Kriegskinder wissen noch, was Not ist. Ich kann kein Brot wegschmeißen, und ich kaufe auch nicht jedes Jahr neue Kleider, nur weil die alten unmodern sind. Was noch gut ist, kann getragen werden. Ich kann es mir leisten, am Ende des Monats mit dem Witwenclub ins Café Kranzler zu gehen. Ilse ist ein bisschen neidisch, dass sie nicht mitdarf mit dem Witwenclub. Sicher, sie ist froh, dass sie Kurt noch hat, aber wenn wir von der Schwarzwälder Kirschtorte schwärmen, wird sie ein bisschen eifersüchtig. Aber da sind unsere Regeln ganz hart – wer keine Witwe ist, darf nicht mit. Ich mit meinen vier Verblichenen darf immer am Kopf der Tafel sitzen.

Gertrud ist nicht auf Draht, wenn es um Sparsamkeit geht. Aber sparen ist ja heutzutage für viele ein Fremdwort. Einmal im Jahr wechsele ich zum Beispiel bei meiner kompletten Leibwäsche den Gummibund aus und ziehe neuen Schlüpfergummi ein. Sonst leiert der so aus, und seit ich damals beim Kegeln ... Ich kann Sie aber beruhigen. Nackt war ich nicht. Kurt und Ilse erzählen die Geschichte heute noch. So etwas passiert mir nie wieder, da sorge ich vor!

Das Einzige, was ich nicht stopfe, sind Strümpfe. Das lohnt sich nicht. Dazu sind meine Augen zu schlecht und die Ossiporose in den Fingern ... aber ich will nicht jammern. Wissense, wenn mir ein Strumpf kaputt reißt, schenke ich den übrig gebliebenen Einzelnen der Frau Herrmann. Der haben sie vor ein paar Jahren den linken Unterschenkel amputiert, und jetzt braucht sie nur noch einen. Die freut sich immer sehr. Und sehense, Sparen und Nächstenliebe zahlen sich immer aus.

Aber was macht man mit seinem Geld, wenn man es nicht verbraucht? Zu DDR-Zeiten war das gar keine Frage, man hatte ein Sparbuch, da gab es Zinsen. Dreiviertel Prozent, das war nicht viel, aber heute sehnen wir uns danach, nich? Nach der Wende haben Walter und ich uns beraten lassen. Es kam ein Herr ins Haus, der erzählte was von Altersvorsorge, Aktien und Sparplänen. Ich bitte Sie. Altersvorsorge mit 60! Was will man eine Brandschutzversicherung abschließen, wenn der Dachstuhl schon brennt. Wir haben ihn rausgeschmissen und bei der Sparkasse Sparbriefe gemacht. Da gab es bis 8 Prozent, und alles war sicher. Ach, das waren Zeiten. Die mickrigen eins Komma noch was Prozent heute könnense doch vergessen. Das frisst doch die Inflation auf. Gertrud sagt immer: «Geld ist zum Ausgeben da.» Im Grunde hat sie da ja recht, sie lebt gut und guckt nicht auf den Pfennich. Nee, Cent heißt das ja jetzt. Ich sehe immer zu, dass auf dem Schirokonto so viel ist, dass sie mich davon vernünftig unter die Erde bringen können. Da habe ich zwar mit dem Bestatter alles abgesprochen, aber man weiß ja nie. Was ich dem schon für Geld in den Rachen geworfen habe mit all meinen Beerdigungen! Im Nachhinein frage ich mich, ob sich da nicht eine Bonuskarte oder Treueherzen gelohnt hätten. Aber das kam ja erst auf, als Walter beigesetzt wurde. Rabatt hat er nicht gegeben, aber immerhin habe ich den Kranz umsonst gekriegt. Ich habe ihm gesagt: «Herr Rachmeier», habe ich gesagt, «den Spruch ‹Als letzten Gruß, in Trauer, deine Renate› haben Sie doch schon als Schablone da, da müssense doch nichts mehr neu setzen beim Drucken. Da können Sie mir ruhig ein bisschen entgegenkommen im Preis.» Da musste er schmunzeln und hat den Kranz nicht auf die Rechnung geschrieben.

Meine Beerdigung ist im Voraus bezahlt, und alles ist genau festgelegt. Ich will nicht, dass gesungen wird. Da singt immer einer schief, und dann muss ein anderer lachen, und die ganze traurige Stimmung ist dahin. Ich habe Gesang verboten. Es gibt Musik vom Band. Erst das Requiem von Mozart, dann der blinde Italiener mit «Teim Gudbei» und als Zugabe von Trude Herr «Niemals geht man so ganz». Der Bestatter Rachmeier hat zwar den Kopf geschüttelt und gesagt: «Frau Bergmann, das ist eine Beerdigung und kein Popkonzert», aber ich bestehe darauf. Schließlich ist es MEINE Beerdigung, und ich bezahle alles, dann kann ich auch die Musik bestimmen. Ich will auch nichts nachgeworfen kriegen. Ilse hat mir aufgezählt, was sie alles in den Sarg gelegt bekommen will, das glauben Sie nicht. Ihre Bibel, die Briefe von Kurt, den Ehering, den Verlobungsring, Fotos von den Enkelkindern ... Ich sach: «Ilse», sach ich, «das ist wie beim Fliegen: Man kann nicht alles mit ins Handgepäck nehmen und muss sich beschränken.» Nee, ich habe alles genau geregelt und verfügt, Kirsten weiß Bescheid und Stefan auch. Sie sollen mir auch den Ehering abnehmen und verkaufen, was soll ich da unten damit? Das ist ein Grab und kein Wertstoffhof. Außerdem – wenn ich doch in den Himmel komme, wer weiß, welchen meiner Männer ich wiedersehe. Das gibt nur Ärger, wenn ich mit dem Ring von Walter komme, und da steht vielleicht Wilhelm. Nee, nee.

Ich habe ein bisschen Sorge, dass Kirsten alles umschmeißt und mich mit ihren Räucherstäbchen und Krishnas Segen begraben lässt. Deshalb wissen neben Stefan auch Ilse, Kurt und Gertrud genau Bescheid. Die sollen ihr auf die Finger klopfen und haben auch Vollmacht zum Einschreiten.

Ich traue dem Braten nicht so recht.

Ja, und wer was erben soll, habe ich auch genau verfügt. Das erzähle ich jetzt hier aber nicht. Das Testament liegt beim Amtsgericht, wie es sich gehört. Damit ja keiner was beiseitebringen kann. Guckense nicht so. Ich traue es auch niemandem zu, aber man weiß eben nie. Beim Geld hört die Freundschaft auf. Es ist alles sicher auf dem Sparbuch, in Bundesschatzbriefen und als Goldbarren angelegt. Alles bei der Bank im Schließfach, Einbrecher haben keine Chance bei Renate Bergmann. Bei mir in den Schränken finden sie nur frisch gebügelte Wäsche, dazwischen ein paar Stückchen Luxseife für den feinen Duft und ein paar Fläschchen Korn für den Notfall. Da lohnt sich das Einbrechen nicht.

Sie sollen mich neben Walter legen in Spandau, da haben wir ein Doppelgrab, das ist für 25 Jahre im Voraus bezahlt, und was danach kommt, ist mir egal. Ich will nicht, dass das große Durcheinander ausbricht, wenn ich mal gehe. Wie bei Frau Brösel damals. Eine merkwürdige Dame. Ich habe immer zugesehen, dass ich ins Haus kam, wenn ich sie habe kommen sehen. Sie hat immer allen Leuten erzählt, wie und wo sie begraben werden will – aber richtig geregelt war nichts. Als sich die Familie zusammensetzte, stellte sich raus, dass sie jedem was anderes erzählt hat. Beisetzen, Einäschern, bei ihrem Mann mit ins Grab, anonym auf die grüne Wiese – je nach Stimmung hat sie jedem irgendeinen Blödsinn erzählt. Sie war ein altes Waschweib, sie sprach einfach gern über Beerdigungen. Und mit dem Erbe war erst mal ein Ärger! Nee, ich sage Ihnen ... sie hat immer von viel Geld erzählt und allen möglichen Leuten versprochen, dass sie kräftig erben. Und dann war nichts da. Gerade genug auf dem Konto, um die letzten Raten für ihre magnetischen Rheumadecken zu bezahlen, die sie auf Kaffeefahrt gekauft hatte. So ein Betrug, nicht mal Kirsten glaubt an diesen Quatsch. Sie haben tagelang jeden Teller umgedreht. In der Tischwäsche haben sie 700 DM gefunden und hinter den eingeweckten Erdbeeren einen Goldzahn, der muss von ihrem Mann gewesen sein. Aber sonst nichts. Einen Haufen Autogramme von Rex Gildo hat der Enkel in einem Album noch gefunden, die hat er bei eBay zu verkaufen versucht, aber das hat auch nichts gebracht.

Und dann, ein paar Monate nach ihrem Tod – sie haben sie eingeäschert und im Grab ihres Mannes bestattet und das Haus verkauft – haben die neuen Besitzer renoviert und die alte Räucherkammer abgerissen. Dabei fanden sie einen Tresor, haben ihn aber nicht aufbekommen. Gertrud hat dann über ihre Friseurin, die auch im Frauengefängnis frisiert, einen Kontakt zu einer Dame vermittelt, die wegen Einbruchs einsaß. Die hat das Ding in fünf Minuten aufgekriegt – gelernt ist eben gelernt, nich? Es wurde viel erzählt, was und wie viel im Tresor drin war. So richtig wissen es wohl nur die Kinder von Frau Brösel und die neuen Hauseigentümer. Die prozessieren immer noch um das Geld. Es muss sich wohl lohnen.

Nee, wenn ich mal gehe, dann ist alles geordnet.

Ist ein unangenehmes Thema, findense nich? Jetzt habe ich Ihnen das ganze Buch lang von lustigen Begebenheiten berichtet und nun so was. Aber muss ja auch mal sein.

Noch ist es ja auch nicht so weit. Noch bin ich hier und lebe und freue mich darauf, jeden Tag Neues zu entdecken und etwas Schönes zu unternehmen. Wie oft habe ich schon daran gedacht, vielleicht in ein Heim zu gehen. Kirsten wollte mich auch schon anmelden. Sie hat meinen Namen bei Gockel eingegeben und hat mein Twitter und mein Fäßbuck gefunden, und dann hieß es: «Mama, jetzt ist aber endgültig Schluss, du machst nur Blödsinn. Du kommst jetzt ins Heim!»

Aber wissense, was? Ich glaube, die wollen mich da noch gar nicht. Ich bringe denen bloß ihren Betrieb durcheinander. Noch geht es ganz prima alleine.

Entschuldigense mich, unten hupen Kurt und Ilse. Bei REWE ist Doppelkorn im Angebot!

Passen Sie auf sich auf.

Ihre RenaTE BERGMANN

GOTTVERDAMMICH, JETZT GEHT DAS SCHON WIEDER LOS. STEFAN, WIE GEHT DIE GRO?MACHTASTE WIEDER WEG?